가족으로 만나 친구가 되었습니다

가장 멀리하고 싶은 사이에서,
가장 궁금한 사이가 되기까지
시어머니와 며느리의 교환일기

권현미·윤여준 주고받음

프롤로그

우연히 시작된 필연적 가족 4


○ 여준

○ 현미

1부

○ 괜히 전화를 걸고 싶었던 것 같아요 12

    ○ 나의 시간을 되돌아보는 듯한 즐거움도 따라올 것 같아 18

○ 신부 쪽 어머니만 두 분 있는 줄 알았대요 24

    ○ 마음만은 느린 걸음으로 숨 고르며 살아보고 싶었지 30

○ 어른스럽다는 것이 최고의 칭찬인 줄 알았어요 38

    ○ 나도 한번쯤 카페에서 멋을 부려보고 싶었거든 46

○ 로또가 되지 않는 건 어머님의 며느리가 되는 데 운을 다
  써버렸기 때문이에요 52

    ○ 요즘 내 주변 친구들도 시어머니가 되어가고 있거든 58

○ 엄마 같은 시어머니는 없다? 64

    ○ 젊음에는 그런 통통거림이 있어야지 70

○ 앞으로 갔다가, 뒤로 가기도 하고, 때로는 거꾸로 가면서 74

    ○ 땅을 밟고 있던 육신이 하늘과 가까워져서일까 78

    ○ 그 방 한 칸이 이제는 나의 안식처라는데 84

○ 우린, 뜻하지 않은 팀플을 하게 된 거니까요 90

2부

- 삶은 거짓말처럼 시작되고 거짓말처럼 끝나는 것 같아 96
- 지금을 즐기며 살아가고 있음은 정말로 기적이에요 100
- 다정한 마음의 원천이 노력이기보단 끌림이기를 108
- 시누이와 올케의 관계는 좋지 않다는 이야기 114
- 몽글몽글한 생명체가 우리 모두를 무장 해제시킬 거야 122
- 이게 정말 어른이 되어가는 신호일까요? 130
- 저리게 아파오는 진동이 가라앉을 때까지 빌고 또 빌었네 140
- 천천히 할머님과 인사를 하고 있다는 걸 느꼈어요 148
- 인간 개조의 노력에 대해 깊은 사과를 보낼게 158
- 죽어서도 시댁과 함께해야 하는 며느리? 166
- 그 사람이 기억할 때까지만 존재하는 거라고 170
- 남은 사람은 흔적을 찾아가고 기억하며 178
- 불안을 다른 불안으로 대체하는 게 인생이라 그러잖아 186
- 저도 어머님의 잉그리드가 될게요 194
- 모성은 마르지 않아야 할 우물 같은 것이더라 204
- 나의 시어머니, 나의 친구, 나의 교환일기 파트너에게 212
- 뻔한 일상을 소중한 의미로 붙들 수 있게 해줘서 정말 고마워 220

에필로그

하고 싶은 것이 많아진 요즘, 다시 하고 싶은 것이 없어진다면 228
나의 모든 시간에 새로이 의미를 더해준 고마운 친구 234

후기 교환일기, 그 이후의 이야기 240

우연히 시작된 필연적 가족

시어머니와 며느리, 가까워질수록 괴로움의 구렁텅이에 빠져버린다는 그 악명 높은 고부 관계로 우린 만났습니다. 엄마 같은 사람을 만날 거라고 하던 아들은 커서 정말 엄마와 닮은 사람을 만나 결혼했고, 그렇게 서로 닮은 저와 현미 씨는 며느리와 시어머니가 되었습니다.

많은 것이 비슷해서일까요. 현미 씨와 저는 서로를 보자마자 호감을 느꼈습니다. 시간이 흐를수록 시어머니와 며느리 사이의 불문율을 깨고 우리는 점점 더 가까워졌지요. 저는 갈수록 현미 씨가 좋아졌고, 그만큼 더 가까워지고 싶었습니다. 친정엄마가 보면 서운할 수도 있겠지만, 만약 더 잘 맞는 사람과 가족을 맺을 수 있다면 저는 현미 씨를 가족으로 신택힐 징도로요. 나중에 알고 보니 MBTI 궁합도 원가족보다 이쪽이 더 좋더라고요. 하하.

우린 그렇게 쿵짝이 잘 맞았고 저는 현미 씨와 함께할 때 더 솔직해졌습니다. 아픈 날에도 친정엄마가 아닌 현미 씨에게 전화를 걸었고, 불안이 가득 차는 날에도 현미 씨에게 고민을 털어놨습니다. 현미 씨도 꽤 솔직하게 자신의 이야기를 해줬습니다. 그렇게 시시콜콜하고도 복잡한 이야기를 주고받다 보니, 우리가 나눈 이 이야기를 기록하고 싶어졌습니다.

그렇게 현미 씨에게 교환일기를 쓰자고 제안했습니다. 현미 씨가 얼마나 재밌는 생각을 많이 하는지, 얼마나 지혜롭게 세상을 살아가는지 알기에, 저는 그 이야기를 낱낱이 듣고 싶었습니다. 더 많은 이들에게 알리고도 싶었어요. "세상 사람들~ 여기 이렇게 좋은 어른도 있어요!"라고요. 하지만 솔직히 말하면, 개인적인 욕심이 더 컸습니다. 함께 떠들 명분도 필요했고, 앞으로 어떻게 살아가야 할지 인생 선배에게 과외받듯이 배워보고도 싶었습니다.

교환일기를 나눈 3년 동안 현미 씨와 묻고 답하고, 기다리고 고민하며 사심을 가득 채울 수 있었습니다. 물론 앞으로 어떻게 살아야 하는지 이 교환일기를 통해 온전히 깨달았다고 할 수는 없습니다. 하지만 현미 씨와 떠드는 건 정말이지 즐거웠습니다. 말 그대로 짱 좋았습니다.

이 책의 부제 '시어머니와 며느리의 교환일기'는 어떤 편견을 깨트리기도 하고 어떤 편견 속에 안착하기도 합니다. 대부분의 사람들은 괴롭고 싫다는 고부 관계인데, 우리는 서로가 힘이 되어 좋다면서 낡은 편견을 상쾌하게 깨부수기도 하지요. 한편으로는 우리가 결혼제도를 통해 쉽게 가족을 맺어 서로의 고부가 될 수 있었고, 또 글로 충분히 마음을 전하는 소통이 가능했다는 점에서 불편한 특권을 누린 것 같아 어쩐지 마음이 무거워지기도 합니다.

그럼에도 한 며느리와 시어머니, 그러니까 30대 여성과 60대 여성이 나눈 교환일기가 필요하다고 생각했습니다. 결혼이 개인과 개인의 만남이 아니라 가족과 가족의 만남이라는 말에는 공감하지 않지만, 배우자 D와 가족이 되면서 어쩌면 결혼의 패키지 상품처럼 얼결에 같은 카테고리에 묶이게 된 현미 씨와의 이야기가 소중합니다. 제게 '성인이 된 후 새로 직조하게 된 가족', 그리고 '한순간에 너무 가까운 사이가 되어버린 다른 세대와의 만남'이라는 전에 없던 관계의 형태를 알려주었기 때문입니다.

서로를 알지 못한 세월이 더 길었기에 직접 물어봐야 알 수 있는 궁금한 이야기들, 가족이 되었기에 조금 더 깊숙이 던져놓을 수 있는 마음들, 마음에 썩 들지 않은 어린 날의 내 모습이 아닌 지금의 '나'로 말할 수 있는 이야기들, 30여 년의 나이 차가 주는 서로 다른 생각과 그에 대한 고민들을, 우린 시어머니와 며느리이기 때문에 풀어놓을 수 있었습니다.

우리는 교환일기에서 별별 이야기를 다 했습니다. 가족 모두가 모이는 모임에서는 나누지 못했을 이야기를 교환일기를 핑계 삼아 나눌 수 있었습니다. 친구처럼 서로 좋아하는 영화에 대해 수다 떨기도 하고, 철학자가 된 것처럼 죽음에 대한 생각을 나누기도 하고, K-장녀로서의 공감대를 형성하기도 하고, 지나온 날들과 다가올 날들에 대해 속 깊은 이야기를 하기도 했습니다. 물론 시어머니-며느리 간의 단골 주제이자 논란의 주제인 자녀 계획, 시댁 식구, 남편이자 아들에 대한 불만도 빼먹지 않았습니다. 3년 동안 이어진 우리의 필담은 대체로 재밌었고, 가끔은 과거의 이야기에 마음이 묵직해졌고, 어느 날엔 앞으로의 날들을 생각하며 설렜습니다.

일기를 주고받는 동안, 다행히 사이가 틀어지지 않아 무사히 책을 마무리 지을 수 있었습니다. 참 다행이라 생각합니다. 쓰는 중에 관계가 어그러지면 책으로 나오지 못한다는 생각을 하며 빼도 박도 못하는 시어머니와 며느리의 '공저'라는 것을 실감했습니다. 부디 책이 세상에 공개되는 그 순간까지도, 이 책이 낡아 세상에서 잊히는 날까지도 우리가 이 이야기를 사랑할 수 있는 사이이길 바랍니다.

마지막으로 현명한 여성을 그냥 지나치지 못하는 며느리를 만나, 등 떠밀리듯 교환일기를 쓰게 된 공저자 현미 씨에게 고마움을 전합니다.

"현미 씨, 3년이라는 시간 동안 저와 교환일기를 나눠주어 고마워요! 그리고, 이 기회에 사과합니다. 메일이 익숙하지 않은 현미 씨에게 말로써 더 자세히 묻지 않고 메일로 일기를 나눈 것을. 현미 씨가 모든 일기를 손 글씨로 쓴 후, 메일로 옮겨적는다는 것을 나중에 알고 많이 미안했어요. 우리, 다음엔 손 글씨로 편지를 나눠요!"

모든 고부 사이의 평화를 응원하며
며느리 여준

1부

## 괜히 전화를 걸고 싶었던 것 같아요

어머님과 작가 대 작가로 사전 미팅을 한 게 엊그제 같은데 어느새 열흘이 훌쩍 지났어요. 미팅 때 제가 당장이라도 첫 글을 보낼 수 있을 것처럼 호언장담했는데, 개인의 사정 따위 봐주지 않는 시간의 흐름에 속절없이 당해 이제야 글을 띄워 올립니다.

이제는 시간의 속도에 배신감을 느끼는 게 너무 익숙해 놀랍지도 않아요. 그럼에도 지난주 어머님과의 미팅은 조금 달랐어요. '바쁘다, 바빠, 현대사회'에서 약간 비켜 있는 만남이었달까요? 직장인들이 모두 식사를 마쳤을 시각에 만나 텅 빈 식당에서 식사를 하고, 시간 가는 줄 모르고 수다를 떨다 퇴근길에 붙잡히지 않으려고 부리나케 헤어졌으니까요. 그렇게 바쁜 현대인의 러시아워를

To. 현이

요리조리 피해 여유를 잘 즐긴 날은 괜히 뿌듯해요. 다른 사람들의 바쁨을 따돌려 특별함을 쟁취한 기분이 들기도 하고요.

사실 지난주의 미팅은 시간적인 요소뿐만 아니라 많은 부분에서 비켜나 있는 만남이었어요. '시어머니와 며느리가 따로 만나 함께 시간을 갖는다', '심지어 같이 일을 해보겠다며 업무 미팅을 한다', '게다가 만나는 동안 시간 가는 줄을 모르다가 헤어질 땐 아쉬워한다?'

어머님과 저, 그러니까 권현미와 윤여준에겐 자연스러운 시간이었지만 누군가에겐 뜨악할 일일 수도 있겠다는 생각이 듭니다. 함께 사는 남자들이 매운 걸 먹지 못해 매운 음식 유니온을 결성한 두 여성의 만남이라고 하는 것이 더 납득하기 쉬울 수도 있겠다 싶을 만큼요!

그런데 왜 저는 어머님과 교환일기를 써보고 싶었을까요? 곰곰 생각해 보니, 그 이유는 제가 어머님을 너무 좋아해서인 거 같아요. 어머님은 제가 생각하는 가장 좋은 어른이자, 제가 애정하는 유형의 사람이기도 하거든요. 아마 시어머니와 며느리 사이가 아닌, 친구로 만나게 되었다면 아주 친한 '찐친'이 되었으리라 확신을 할 만큼!

사실 저는 내향적인 편이지만, 어릴 때부터 제가 좋아하는 유형의 사람에겐 굉장히 적극적으로 다가가곤 했어요. 고등학생 때는 친해지고 싶은 친구에게 "너랑 친해지고 싶어"라고 직접적으로 말하는 당찬 학생이기도 했답니다. 그렇게 좋아하는 사람을 만나면 직진하는 저에게 어머님은 최근 몇 년간 만난 사람 중 제가 가장 직진하고 싶은 사람이었어요.

그래서 혼자 심심한 날이거나, 일 때문에 머리가 아픈 날이거나, 마음처럼 상황이 따라주지 않아 가슴이 답답한 날이면 괜히 어머님께 전화를 걸고 싶었던 것 같아요. 하지만 30년 넘게 함께 산 친정엄마도 아니고, 왜 어머님께 전화해 수다를 떨고 싶을까요? 그래서인지 저 역시도 제 마음이 신기하고 어색해 행동으로 잘 옮기지는 못했던 거 같아요. 어머님도 '우리 며느리는 왜 이렇게 자주 전화해서 미주알고주알 이야기할까나?' 의아하게 생각하실 수도 있을 거 같고요.

그래서 이렇게 공식적으로 어머님과 수다 떨고, 같이

이야기를 나눌 수 있는 교환일기를 생각하게 됐어요. 교환일기라는 아주 좋은 핑계로 어머님과 더 깊고 다양한 이야기를 함께 나눈다면, 정말 재밌는 시간이 될 것 같았거든요. 우리 피로 맺어진 인연보다 더 끈끈하고 친한 사이가 되어 보아요!(권현미 작가의 자녀들! 긴장하라!)

어머님과 저는 우리의 연결고리이자 어머님의 아들, 저의 남편인 'D' 이야기도 자주 하지만, 다른 주제의 이야기도 재밌게 하는 편이잖아요. 그래서인지 얼마 전엔 드라마 〈유미의 세포들〉을 보다 어머님의 프라임 세포*가 뭔지 궁금해졌어요. 예전에 〈유미의 세포들〉 시즌 1을 볼 때 함께 폭풍 공감하며 이야기 나누었던 것이 생각났거든요.

저의 프라임 세포는 유미처럼 '사랑 세포'인 거 같아요. 멋지게 '작가 세포'나 '이성 세포'면 좋겠지만, 어쩔 수 없이 사랑에 웃고 사랑에 우는 사랑 세포를 프라임으로 둔 사람인 것 같습니다. 어머님은 어떤 세포를 프라임 세포로 갖고 계신 거 같으세요? 제가 예상해 보는 어머님의 프라임 세포는 '감성 세포'나 '사랑 세포' 혹은 '집안일 세포'일 것

---

\* 드라마 〈유미의 세포들〉에서 주인공 유미의 모든 세포들 중에 가장 중심이 되는 핵심 세포를 말한다. 유미의 현재 상태에서 가장 영향력이 크고, 유미의 의사결정이나 감정 반응에 중심적인 역할을 한다.

From. 여준

같은데, 어쩌면 의외로 '출출 세포'나 '촉 세포'일 수도?

교환일기 파트너이자 며느리, 여준

**나의 시간을 되돌아보는 듯한 즐거움도
따라올 것 같아**

그날의 만남은 진짜 신선했던 거 같아. 며느리가 되는
순간 '시'가 붙은 모든 것을 싫어하게 된다는 말도 있던데.
그중에서도 가장 멀리하고 싶은 건 '시어머니'라고
하더라고. 그런데 하필 그 '시어머니'에게 데이트를 청하는
며느리라니!

덕분에 자극적인 음식은 입도 못 대는 양쪽 집 남자들과는
절대 함께 먹지 못했을 매운 아구찜을 우리끼리 땀 뻘뻘
흘리며 먹는 추억을 만들었지. 또 카페에선 서로의 마음을
들여다보며 끝없는 수다에 시간 가는 줄을 몰랐고.

그날 돌아오는 지하철에서 혼자 되새겨 보니, 어찌
이리 예쁜 사람을 우리 집에 보내주셨을까 하는 생각에

흐뭇하더라. 결국은 다음 날 친구들 모임에 나가서 며느리와의 종일 데이트에 대해 또 자랑을 해버렸지 뭐야. 친구들이 한 번만 더 자랑하면 천 번째 자랑이라고 해서 자제하고 있는데, 쉽지 않았다니깐.

여준이는 왜 나에게 그렇게 연락하고 싶었을까? 마음에 맞는 대화 상대로 왜 시어머니를 떠올리게 된 걸까. 필요할 때 날 떠올려 준다고 하니 나야 기쁘지만 말이야. D가 한번씩 "여준이는 나보다 엄마를 더 좋아하는 거 같아"라고 했던 말이 어쩌면 진심에서 나온 질투였는지도 모르겠다.

부모는 늘 기다림 속에 있다고 느껴. 자식이 찾아주면 그저 행복한 존재랄까. 그렇기에 여준이가 나를 필요로 해주는 순간이 있다면 난 언제나 감사해. 네 시아버지 고향 사투리에 "자식은 뉘가 안 난다"*라는 말이 있대. 부모한테 자식은 한결같이 물리지도 지겨울 수도 없다는 얘기지. 그러니 언제나 내가 생각나거든, 염려 말고 연락하렴. 항상 웰컴이야.

* 전라도 사투리로, '뉘가 난다'는 '질린다', '징하다'의 의미로 쓰인다. '자식은 뉘가 안 난다'는 자식은 무얼 해도 질리지 않는다는 뜻을 지닌다.

우리가 처음 만났던 날을 기억하니? 난 아직도 생생해. 우리 집 앞 사거리 횡단보도에서 만났잖아. 서로 맞은편에 서 있었지. 그때 D와 같이 서 있던 여준이를 봤는데, 사람을 무장 해제시키는 말간 웃음을 보며 참 이쁜 친구네 싶었어.

그간 D와 네가 동아리 친구로 지내왔던 사이인 걸 알면서도 왠지 그날의 느낌은 좀 다른 거 같았어. 자녀에 대한 모든 촉은 일단 마음에 품고 기다리는 게 좋다잖아. 30년 엄마 경험으로 일단 모른 척하고 있었더니 어느 날 D가 그 촉이 캐치한 실체를 밝혀주더라. 여준이 말처럼 나의 '촉 세포'가 좀 왕성하긴 해. 흐흐.

그러면서 D가 덧붙인 말이 "엄마랑 많이 비슷해"였어. 그 말을 듣고 다시 처음 봤던 날을 떠올려 보는데, 선하게 웃던 여준이의 모습이 떠올라 참 좋더라. 생각해 보면 그 첫날부터 우린 통했던 게야. 그런데 D가 한 말이 정말 맞았어. 알아갈수록 여준이랑 나는 진짜 닮은 점이 많아. 생긴 것도 닮았다고들 하고, 공감을 너무 잘해서 걱정을 안고 살아가는 거나, 계획 세우는 걸 좋아하는 성격도 비슷하니까. 그래서인지 여준이를 지켜보면 나의 시간을 되돌아보는 듯한 즐거움도 따라올 것 같아. 그게 얼마나 또 행복한 일일지, 벌써 설레네.

Dear. 여준

이제 곧 환갑이니, 내 인생도 60년이라는 세월이 흘렀네.
이젠 뭔가를 성취해야 한다는 강박에서 벗어나 그저 아무
일 없음에 감사함을 느끼게 돼. 그래서 무기력과 해탈의
중간 어디쯤에서 일상의 평안함을 오롯이 즐기며 지내고
있던 차에 이런 교류의 양념까지 더해지니 난 참 복이
넘치는 사람이구나 싶네.

백여 년 만에 내린 어마어마한 폭우로 엄청난 일들과 마음
아픈 사고들이 쏟아진 오늘, 쉼 없이 번쩍거리는 번개와
천둥, 빗소리의 어수선함이 가득한 이 밤. 여준이에게
교환일기 쓰는 이런 시간으로 내 마음도 많이 토닥여지네.
세상사에 늘 예민한 나의 '걱정 세포'와 '불안 세포'가
여준이 덕분에 촉촉한 '감성 세포'로 포근히 덮여 잘 잘 수
있을 거 같아.

교환일기 파트너로 선택된<br>여준의 친구가 되고픈 시어머니, 현미

From. 여준

신부 쪽 어머니만
두 분 있는 줄 알았대요




역시 어머님의 행동력은 따라갈 수가 없다니까요!
첫 일기를 띄워 보낸 지 이틀도 안 되어 도착한 어머님의
글에 이마를 탁! 쳤더랍니다. '행동대장 어머님과의
교환일기… 긴장을 놓을 수 없겠군.'

그나저나 어머님 이메일의 닉네임이 '느린 걸음'이네요!
빠른 답장처럼 착 하면 착, 척 하면 척, 빠릿빠릿한
움직임과 기동력을 지닌 어머님도 이 이메일을 만들었을
시절엔 느리게 걸었을까요? 아님, 제가 모르는 느린
걸음의 어머님 모습이 있으려나요? 궁금하네요.

어머님이 말씀해 주시니 저도 생각났어요. 우리의 첫 만남.
저와 D가 친구였을 무렵, 동네에서 어머님을 마주쳤었죠.

To. 현미

근데 그때 기억나셔요? 어머님이 D를 못 알아봤다는
거! 횡단보도를 건너기 위해 기다리는데, D가 "어? 우리
엄마다!" 하는 거예요. 그 말을 듣고 건너에 있는 사람들을
쭉 보는데 아무리 봐도 D와 닮은 사람은 안 보이더라고요.
그래서 "누구? 누가 네 어머니셔?" 했더니 어머님의 모습을
설명하더라고요.

그때 어머님을 처음 보고 한 생각은 ① 어? 예쁘시다
② 아… D가 아버님을 닮았구나…?(아버님과 D… 미안합니다)
이렇게 생각하며 인사를 드리려고 어머님을 보며 길을
건넜어요. 그런데 여기서 반전! 어머님이 아들인 D를 못
알아보고, 오히려 저를 보셨더랬죠. 어머님을 향한 저의
시선에 의아함을 느끼신 거 같았어요. 그렇게 길을 건너다
어머님이 자신을 못 알아봤다는 걸 알아차린 D가 뒤늦게
어머님을 소리 내 부르며 처음 인사를 나누었던 기억이
나요. 매번 어머님과 입을 모아 D가 진짜 특이하다고
이야기하는데, 어머님도 만만치 않은 것 같습니다. 히히.

그나저나 D의 말처럼 어머님과 저, 정말 닮았어요. 그죠?
성격도 성격이고, 생김새도 닮았으니까요. 결혼식장에서도
신부 쪽 어머니만 두 분 있는 줄 알았다는 사람들이
있었으니 말 다 했죠, 뭐.

From. 여준

관상이라는 것이 있을까요? 있다면 어머님과 함께 보고 싶어요. "우리 이렇게 닮았는데 운명적으로 연결된 뭔가 있는 게 아닐까요?" 하면서요. 제가 어머님의 나이가 되어서도 어머님과 닮았음을 여전히 즐겁게 이야기할 수 있으면 좋겠네요. 그러려면 지금부터 서둘러 관리를 해야겠군요.

얼마 전에 우리 MBTI를 서로 공유해 봤잖아요. ISFJ인 어머님과 INFJ인 저는 S(감각)과 N(직관)만 다른 성향이었어요. 어머님이 현실적이라면, 전 조금 더 자유로운 면이 있어서 그 부분이 서로 달랐죠.

하지만 둘 다 너무 외향적이진 않으면서, 또 타인의 감정 변화에 주의를 기울이는 부분, 감정이 풍부한 부분, 그리고 계획적인 부분은 모두 비슷한 거 같아요. 특히 타인의 감정에 예민한 부분은 어머님과 저의 주된 공통 특성인 거 같아요. 지난번에 어머님과 이야기를 나누다 어머님께서 "나는 인간관계 증후군이 있는 거 같다"고 했잖아요. 어느 모임이나 집단에 속해도, 꼭 어머님이 전체 관계를 잘 이끌어 나가기 위해 노력하는 위치가 되곤 한다고요.

곰곰이 생각해 보니 저도 그런 거 같아요. 가족들 사이에서나, 친구들 사이에서나, 예전 직장에서도 관계가 잘 어우러지도록 항상 주변을 살폈던 것 같아요. 특별히 그렇게 하려고 노력하지도 않는데, 왜 정신 차려 보면 여러 사람의 상담을 해주고 있고, 또 그들을 어르고 달래는 역할을 하고 있을까 생각해 보니 타인의 감정에 대한 이해가 늘 자연스럽기 때문이 아닐까 싶었어요.

저는 웬만하면 사람들의 감정이 이해가 되거든요. 물론 극악무도한 사람 앞에서는 저도 혀를 끌끌 차게 되지만, 그렇지 않을 땐 대부분 '그럴 만했지', '그럴 수도 있을 거 같아'라는 생각이 쉽게 드는 거 같아요. 심지어 이해가 되지 않는 경우에도 '얼마나 힘들었으면…' 하는 마음이 들고요.

공감 요정이신 어머님도 타인의 감정에 예민하고 감정이 쉬이 동화되다 보니 자연스레 여러 관계의 사이사이에서 고군분투하는 인간관계 조율사가 되신 게 아닌가 싶어요. 저보다 더 사려 깊으시니 어머님 주변엔 얼마나 많은 이들이 어머님으로부터 공감과 위안을 받고 있을까요. 모르긴 몰라도 어머님 덕분에 여전할 수 있는 것들이 많을 거라 생각해요.

From. 여준

그런데 어머님, 제가 예전에 비슷한 일로 상담을 받은 적이 있거든요. 그때 상담 선생님이 해주신 말이 있어요. 제겐 꼭 필요했던 말이라 어머님께도 공유해 볼게요.

아무리 이해가 많은 사람도 신이 아니기에 포용 가능한 범위가 있대요. 그래서 나의 이해가 모든 사람에게 가능할 거라는 생각으로 제 할당량 이상을 포용하다 보면, 어느 날 과부하가 걸려 제가 안고 있던 모든 것을 다 놓아버리게 될 수 있다고 하시더라고요. 누구 하나만 놓을 수도 없기에 끙끙거리며 모두를 안고 가다 어느 순간 지칠 대로 지쳐버리면 다 내팽개치고 도망치게 되는데, 그것이 모두에게 더 안 좋은 일이니 제가 포용 가능한 범위를 정하고 그 범위를 넘지 않게 하라는 말이었어요.

저는 종종 그 말을 머릿속에 한 번 더 불러오곤 합니다. "그만, 그만! 여기까지만 하자. 더는 나의 소관이 아니다!" 하면서요. 어머님과 저도 서로를 지키는 공감 요정이 되면 좋겠어요! 오래오래 다정할 수 있는 건강한 공감 요정이요!

나를 지키는 공감 요정이 되고 싶은<br>
며느리 여준

To. 현미

From. 현미

마음만은 느린 걸음으로
숨 고르며 살아보고 싶었지




이렇게 어느 날 불쑥 날아오는 여준의 소식은 바람이 일듯 마음을 살랑이게 하네. 마치 어릴 때 친구들과 편지를 주고받던 그 시절처럼 설레기도 하고.

지금으로 치면 아날로그 감성이었던 내 학창 시절엔 편지가 관계에서 참 중요한 수단이었던 거 같아. 방학은 물론 학기 중에도 굳이 손편지로 소통하며 공연히 짜릿해하기도 했어. 손편지를 나누다 보면 감성이 폭발하게 되는데, 그렇게 낭만을 앞세워 관계에서 오는 우울을 즐기기도 하고, 서로를 더 내밀하게 알게 되는 설렘을 느끼기도 했지.

대학 시절엔 학과별로 출입구 근처에 사물함 형식의 개별

편지함이 있었어. 그 편지함에서 다른 학교 남자친구들이 보낸 학보나 편지들을 꺼내 읽으며 그날 하루 낄낄 웃는 얘깃거리가 되기도 했고. 우체통으로 연결된 기다림 속에 낭만이 있었던 거 같아. 여준이와 이렇게 교환일기를 주고받으며, 그랬던 지난 시간의 추억들을 소환시켜 보고 있네. 덕분에 평범한 일상에 낭만이 스며들었달까?

다른 사람들은 닉네임을 정할 때 어떤 생각을 하려나? 나는 닉네임을 정할 때 나에 대한 현실 직시보다는 꿈과 희망, 되고 싶은 방향성을 좌표로 생각했던 거 같아. 좋아하는 대상, 감성, 나아가고 싶은 방향 등을 떠올리면서 정했었어. 내가 이 '느린 걸음'이라는 닉네임의 이메일을 처음 만들었을 때, 나의 삶은 참으로 정신없이 바빴던 시기였거든. 아이 둘 데리고 세상 욕심에 따라가느라 이리 뛰고 저리 뛰고 했던 시기야. 집안일은 항상 널려있었고, 내가 있다는 이유 하나만으로 일산으로 이사 온 세 명의 친구 가족과 거의 모든 일상을 같이하는 공동체 생활도 해야 했고, 한 시간 거리의 시댁도 거의 매주 들러야 했었지.

그런데 그렇게 바쁜 와중에도 나는 사회생활을 하고 싶어서 TOEFL 회사로 파트타임 일까지 나갔어. 둘째인

D의 출산과 함께 어쩔 수 없이 꺾여버린 내 커리어에 미련병이 도졌던 게지. 새벽에 일어나 남편 출근 준비를 돕고, 초등학생이었던 애들 등교 준비를 마치면 마포에 있던 회사로 나가 오전 타임 근무를 하고 왔어. 그렇게 오전 일이 끝나자마자 부리나케 돌아와 학교에서 돌아온 애들 간식 챙겨주고, 학원 픽업하고, 또 사이사이 집안일에, 옆에 사는 친구들도 챙기고, 차 끌고 나가서 장도 보고(그때 살던 집 근처에는 마트가 별로 없어서 차로 대형마트 다녀오는 것부터가 큰일이었어), 밤엔 애들 공부도 함께 봐줬지. 게다가 무슨 열정이 그렇게 넘쳤는지, 애들 재운 뒤에는 영어 공부까지 했었어. 다시 생각해 보면 그 시절을 내가 어떻게 버텼는지 몰라. 너무 바쁜 스케줄을 감당하느라 정신이 가낙가닥 날이 선 채로 살았던 거 같아. 그래서였을까, 그 시절에 만들게 된 이메일 닉네임만큼은 여유로움을 담고 싶어서 '느린 걸음'이라고 지었던 것 같아. 마음만은 느린 걸음으로 숨 고르며 여유롭게 살아보고 싶었던 거지.

지금도 그때를 떠올리니 숨이 가빠진다. 그때의 난 정말 늘 종종거리느라 숨이 찼던 것 같아. 자는 동안에도 고르고 편한 숨을 못 쉴 정도로…. 그래서 수면무호흡증이 생긴 걸까? 같이 자는 남편이나 여행지에서 친구들이 가끔 나

때문에 힘들어해. 옆에서 자다가 어느 순간 숨을 안 쉬니,
큰일이 날까 싶어서.

생각해 보니 늘 급하고 후다닥거리는 내 성향은 어쩌면
평탄치 못했던 내 가정사에서부터 생긴 걸지도 모르겠다.
난 학생 시절부터 직접 밥해 먹고 늦둥이 동생까지
챙겨가면서 학교생활을 하다 보니 항상 시간에 쫓기는
느낌이었거든. 가난한 집 맏이로 태어난 나의 어머니,
아버지는 다행히 공부를 열심히 해서 좋은 대학 나오고
그 시절 제일 안정적인 직업이라 생각됐던 교편을
잡으셨어. 하지만 양쪽 집 줄줄이 동생들 학비에,
취직 해결에, 결혼 비용까지… 인생의 짐이 무거운
분들이셨는데 복이 박했던 아버지는 타고난 명까지
짧았지.

그러니 일찍이 남편을 보내고 혼자되신 어머니는 많이
힘들어하셨지. 그런데 내가 또 공감 요정이잖니. 상황을
알게 된 후에 나도 너무 일찍 철이 들어버려 어머니의
힘듦을 항상 함께 느끼게 된 거 같아. 과부 어머니가 세
자식들 건사하며 공부시키랴, 경제적인 문제 고민하랴,
홀로 책임지며 힘겹게 교직 생활을 해나가시는 모습이
어찌나 버거워 보이던지. 그래서 집안일을 돕고,

경제적으로 보탬이 되도록 장학금도 받으려고 애쓰고
그랬어…. 사실 그땐 스트레스를 받지도 않았던 거 같아.
오히려 강박적으로 내가 가족을 위해 조금이라도
보탬이 되어야 한다고 느꼈어. 그게 내 몫이라고 여겼던
것 같아. 그래서인지 어린 시절부터 '느린 걸음'으로
살아보고 싶었나 봐…. 닉네임에 대한 사연이 참
구구절절하다.

우리가 MBTI 테스트를 해보며 놀았던 날, 내 마음속엔
여준이랑 나랑 참 많은 부분이 닮았다는 걸 증명해 보고
싶은 마음이 있었던 것 같아. 역시나 많은 부분이 비슷하긴
했지. 우리 둘 다 남 배려하다 지레 죽는 성격까지 어찌
그리 닮았는지. 관계에 있어서도 '내가 해버리고 말지',
'그럴 수 있지' 하며 다 이해하는 척하잖아! 하지만 결국
어느 정도는 '척'이더라. 마음이 곪고 있는 것도 모르고,
열심히 척하며 인내하고 살다가 여준이 말마따나
한순간 다 놔버리고 싶은 걸 보면. 그래서 요즘은 나도
'여기까지만…'을 자주 되뇌어. 내가 다 해결할 수 없음을
인정하고 자만을 버리려고 노력 중이야.

그런데 성격 유형 중 유일하게 달랐던 한 항목이 나와
여준이의 두드러진 특징이면서 어쩜 그리 우리의 차이를

잘 보여주고 있던지 신기하더라. 현실적이고 명확한 사실을 중시하는, 그래서 숲보다는 나무에 집중하는 성격인 나에 비해, 영감과 다양성을 추구하고 순응보다는 변화를 중시한다는 여준이. 나는 매 순간 하나하나 짚어가며 마침표를 찍어야만 직성이 풀리는, 조금은 갑갑하고 조급한 삶이었어. 그런데 여준이는 일어날 일을 늘 물음표로 신기해하며, 열린 마음으로, 숲을 보는 눈으로 사람을 대하는 걸 보며 대단하다고 느껴. 자유롭게 세상을 바라볼 줄 아는 여준이는 여유롭게 인생을 즐기며 살 거 같아. 그런 삶의 자세로 얼마나 인생을 몽글몽글 재미나게 빚을지 기대가 되네. 내가 가지지 못했던, 그래서 마음 한편에 꿈꿔온 삶의 모습을 여준이를 통해 볼 수 있어서 대리만족이 될 때도 있어. 그렇게 주변 삶의 모습을 바라보며 기쁨을 느끼는 일은 참 멋진 일이야.

오늘은 D와 함께 결혼식에 갔었어. 오랜만에 가진 아들과의 데이트 시간이 참 좋았네. 식이 끝난 후 장식했던 꽃들을 하객들이 챙겨가는 분위기에서 D가 화려한 꽃들은 다 제쳐두고 "우리 여준이는 들꽃을 좋아해" 하면서 하늘하늘 여린 꽃만 모아 포장하더라. 평생의 인연이란 게 얼마나 기적 같은 일인지 참 소중하고 감사했어.

From. 현미

다시 시작된 하루의 새벽 시간. 여준이와 일기를 나누며
인생을 돌아보는 음미에 달아나 버린 잠이 아쉽질 않네.
나의 친구 여준이는 잘 자고 있길.

      그래도 이제는 잠을 잡으러 가야 하는 시어머니, 현미

## 어른스럽다는 것이
## 최고의 칭찬인 줄 알았어요

맞아요. 이렇게 어머님과 교환일기를 나누니 정말 펜팔 친구가 생긴 것 같아요.

제가 딱 그 펜팔 문화가 지나갔을 스음의 세대거든요. 그래서 펜팔이라는 소통의 문화가 있다는 것은 전해 들었지만 펜팔 친구를 만들기는 어려운 때였어요. 하지만 하고 싶은 것은 꼭 했던 '열쩡열쩡열쩡'의 중학생 여준은 포기하지 않았죠! 그때 어찌어찌 알아보고 수소문하여 외국의 펜팔 친구를 알게 되어서 한동안 편지를 주고받았어요.

하지만 펜팔 친구를 찾던 노력만큼 그 소통을 이어가는 노력까지 이어가진 못했나 봐요. 몇 번 편지가 왔다

To. 현이

갔다 하다가 서서히 중단되었던 기억이 있어요. 계속 이어갔더라면… 영어 실력이 더 향상되었을 텐데… 아쉽네요.

'그때 펜팔을 더 했으면 영어를 더 잘하게 되었을 텐데' 같은 아쉬움은 삶의 문맥들 가운데 종종 생겨나는 것 같아요. 가령, 어린 시절 피아노학원을 더 오래 다녔다면 지금도 피아노를 칠 수 있을 텐데. 아무것도 모를 때 운전을 더 익혀놨어야 하는데. 고등학교 때 학교에서 알려주던 불어 수업을 귀찮아하지 말걸….

그래서인지 지금이라도 그 아쉬움을 덜어내기 위해 자꾸 무언가를 더 찾아서 하게 되는 것 같아요. 지금이라도 영어회화 실력을 키워놔야 하지 않을까 싶어 영어회화 강의 앱 광고만 보면 (마케팅에 속아) 꼭 들어가 보고, 이제라도 다룰 수 있는 악기 하나쯤 만들고 싶어 십여 년 전의 하모니카를 한번 후- 불어보고요. 어머님이 그 바쁜 워킹맘 시절에 한밤중 영어 공부를 하셨던 마음도 이런 마음이었을까요. 저 역시도 뜨거운 열정이라기보단, 아쉬움을 덜어내기 위한 애씀이기도 한 거 같아요.

From. 여준

하지만 이 얘기를 쓰다 보니 어머님과 저의 차이가
느껴져요. 저는 사실 지금 제 일상의 무게조차도 버거워
제 아쉬움을 달랠 일은 시도도 하지 못하는 것 같아요.
더 솔직하게 말하면 정말 일상의 무게가 절 짓누를까 봐,
지레 겁먹어 미리부터 포기하는 것 같기도 하고요. 하지만
어머님은 역시 진정한 체력왕!* 아이들도 키우고, 일도
하시며! 그 바쁜 와중에 영어 공부를 하셨군요.

저는 어머님과는 다르게 실제로 저질 체력이기도 하고,
그래서인지 많은 일을 대할 때 "무리가 안 되는 정도만!"을
항상 외치는 것 같아요. 일할 때도 할 일이 몰려서 무리가
될까 싶어 미리미리 차근히 할 수 있는 계획을 세우고,
여행을 갈 때도 무리가 되지 않는 선에서 즐길 수 있도록
루트를 짜요.

하지만 이렇게 무리하는 것을 지양하는 저의 성향이 좋은
것인지는 자주 고민이 돼요. 정말 성공하려면 한계 이상의
노력으로 무리도 할 줄 알아야 하는 것이 아닌가 싶기도
하거든요. 특히 1인 프리랜서가 되어 제가 결정하고, 제가
행동하는 일을 하게 되니 더욱이 그런 고민이 드는 것 같아요.

* 권현미 작가는 여행에서 돌아오는 길에 운동을 예약하는 체력왕이다!

To. 현미

이렇게 무리를 안 하고자 하는 저의 성향은 D와 새로운 가족을 만들어 생활할 때도 발현되는데요, 저는 청소를 매일매일 조금씩 해서 적정 수준을 유지하는 편이라면 D는 '오늘은 종일 화장실을 정복한다!'는 생각으로 땀을 뻘뻘 흘리며 하루 내내 화장실만을 깨끗하게 만드는 편이거든요(하지만 그 화장실 정복의 날이… 1년에 한 번 있을까 말까… 그래서 저는 대체로 입이 삐죽 나와 있지요. 하하).

그러다 보니 완벽히 청소가 된 날은 거의 없는 느낌이에요. 언뜻 보면 지저분하진 않지만 자세히 보면 먼지가 쌓여있는 그런 정도인 거죠. 문제는 이 정도도 저의 최선이라는 거예요. 그래서 더욱 어머님 댁에 가면 어떻게 이렇게 집이 잘 관리되어 있을까 놀라곤 해요. 어머님의 노력이 깃들어 있음을 더욱 느끼게 되고요. 그러면서 동시에 '나는 못 해, 엉엉. D야, 눈 감아! 보지 마!' 하는 마음도 든답니다.

이렇게 깨끗하게 항상성을 유지하는 어머님의 성실한 모습은 어쩌면 어머님이 일찍 철이 들고, 더 많은 책임을 자신에게 지우며 생기게 된 습관일 수도 있겠어요.

From. 여준

어머님이 장녀는 아니지만** K-장녀(요즘은 우리나라 장녀들을 이렇게 부르더라고요)의 특성인 '강한 책임감, 지나친 겸손함, 늘 주변 사람을 돌보며 양보함, 나에 대해서는 엄격함'을 모두 지니신 거 같아요. 한국 사회에서 완벽히 K-장녀로 자라난 저는 저 위의 특성들을 모두 가지고 있거든요.

그래서 저는 한동안 '어른스럽다'는 것이 최고의 칭찬인 줄 알았어요. 의젓하고 어른스러운 모습을 보이는 것이 중요하다고 생각했고요. 하지만 요즘은 종종 "그 시절의 여준아. 그땐 너도 애였는데. 어른스러울 필요 없었어!" 하는 생각을 한답니다. 그러면서 제게 어른스럽다고 칭찬했던 어른들이 괜히 밉기도 해요. 누구라도 제게 "어른스럽지 않아도 돼. 넌 아직 어리니까 어린애 같으면 되는 거야"라고 해주는 사람이 있었다면 조금 달랐을 텐데 하고요. 강한 책임감이 저의 큰 장점이고 그로 인해 제가 많은 것을 이룰 수 있었지만, 또 지나치게 나를 소모시키며 사는 것이 아닌가 하는 생각도 들어요.

강한 책임감을 지닌 두 여자! 스스로를 너무 소모하며

** 현미는 1남 2녀 중, 둘째이다.

To. 현미

지내지 맙시다! 그런 의미에서 언제 함께 그냥 놀고먹고 유유자적하는 여행이라도 함께해요. 식구들에게 방해도 하지 말라고 하고요! 남이 청소해 준 방에서 남이 해준 밥 먹으며 책임감에서 해방하는 날을 만들어 보자고요!

맞아요, D가 결혼식장에서 꽃을 한가득 안고 왔더라고요. D가 품고 온 자잘한 꽃들이 참 예뻤는데 저는 그중에 보라색 작은 꽃이 참 좋았거든요. 그랬더니 그건 어머님이 너무 잔잔한 것만 가져가지 말고 이것도 가져가 보라며 더 얹어주신 거라고 하더라고요. D는 자신이 생각한 소소한 아름다움이 깨져버렸다며 속상해했지만 저는 어머님이 주신 보라색 꽃이 참 좋았답니다. 어쩌면 D보다 어머님이 더 제 취향을 잘 아는 걸 수도 있겠네요!

와, 어머님과 이야기를 나누듯, 일기를 쓰다 보니 또 이렇게 길어졌어요. 하지만 너무 재밌답니다. 다른 일로 바쁜 날에도, '일 끝내고 어머님과 교환일기 써야지!' 생각하면 막 설렐 만큼요. 우리 수다쟁이들의 재미난 교환일기, 오래 이어가고 싶습니다.

이제 완연한 가을이에요. 가을은 제가 가장 좋아하는

계절. 이 적당한 온도의 계절도 찰나이니, 날씨를
온통 만끽하시길 바라요. 책임감은 살짝 내려놓고
유유자적하면서요.

어머님의 가뿐한 마음을 응원하며,<br>
펜팔의 설렘을 다시금 느낀 여준

To. 현미

나도 한번쯤 카페에서
멋을 부려보고 싶었거든




햇빛 예쁜 가을날, 오늘은 너희 세대들 흉내 내는
기분으로 카페 창가에 앉아서 지금 이 일기를 쓰고 있어.
요새 젊은 친구들은 카페에서 많은 일들을 하잖아.
난 가끔 아줌마들과 카페에서 있는 힘껏 수다를 떨다가
문득 옆에서 열심히 모니터 들여다보며 열중하고 있는
너희 같은 친구들에겐 아줌마들 토크가 얼마나 시끄럽고
한심스러울까 좀 부끄럽기도 했어. 때로 좀 예민한
친구들은 거슬림의 표시로 곱지 않은 시선을 쏘아댄
적도 있고 말야. 그래서 언젠가는 나도 한번쯤 카페에서
혼자 뭔가 하는 척하는 멋을 부려보고 싶었거든. 그게
바로 오늘이야. 치열하게 젊음을 살아내는 너희들에게는
카페에서의 시간조차 일의 시간이 되는 게 기쁘지 않을
수도 있겠지만, 그런 빠득빠득한 일상이 나한테는 멋이

되는 기분이란다. 어쩌면 이런 바쁨을 흉내 내보는 즐거움은 그 젊음의 시간을 다 살아낸 나이가 주는 선물인 것 같아.

나이가 들어가면서 사회 속에 연결된 관계의 폭이 줄어들다 보니 메일함을 통한 소통도 점점 없어졌어. 여준이랑 이렇게 교환일기로 메일을 주고받기 전까지는 근 10여 년 동안 내게 메일함이란 잊힌 항목이었던 거 같아. 그래서 이번에 여준이가 보내준 교환일기는 읽혀야 할 주인에게 한 달 가까이나 외면당한 채 가둬져 버렸네. 지난번 내가 일기를 보낸 이후 여준이가 바로 책 출간 마무리 작업으로 너무 바쁜 데다, 계획했던 네덜란드 여행 준비까지 겹쳐 당연히 시어머니와 교환일기 주고받을 정신이 없겠구나 싶었지. 그런데 이렇게 갇혀 있던 메일을 읽으면서 '아! 여준이는 그럴 리가 없는 사람인데…' 싶더라. 내가 보낸 일기를 읽고 한참이 지나도록 모른 척하고 여행을 떠날 수 있는 그런 친구가 아니란 걸 새삼 깨달았지 뭐니. 여준이 말마따나 아무리 버거워도 책임감을 달팽이 집처럼 지고 다니고, 내 감정이 뭉그러져도 다른 사람 배려에 대한 세심함을 숙명처럼 지키고 싶어 하는 K-장녀 대표 주자인 여준이인데 말이야.

From. 현미

우리는 <유브 갓 메일>의 니콜 키드먼과 톰 행크스에
열광하고 인터넷을 통한 사랑을 다룬 영화 <접속>에
가슴 저렸던 세대지. 손편지의 정성을 알면서도 익명의
대상과의 메일을 통한 짜릿한 소통이 사랑으로 완성되는
그 애틋한 마음까지 모두 공감되는 세대랄까. 그래서
이번엔 메일함을 열어본 김에 그간 지우지 않고 남겨뒀던
메일함 속 사연들을 오랫동안 하나하나 읽어보았어.

메일의 첫 시작은 내 나이 37세. 엄청난 컴퓨터 에러로
인류의 종말이 올지도 모른다는 공포가 가득했던
밀레니엄, 2000년이었더라고. 처음 받은 메일은 학교
선생을 그만둔 지 7년이 지난 그해, 날 좋아했던 옛 제자가
남편의 회사까지 어렵게 전화해 기어이 나를 찾아내 보낸
메일이었어. 그 뒤로 몇 년은 메일의 즐거움에 취했던 것
같아. 집에서 얼굴 보고 얘기해도 될 남편과도 메일을
주고받았고, 연락의 시작이었던 제자를 통해 연결된 다른
제자들과도 열심히 메일을 주고받았더라.

또 그 무렵 뉴질랜드로 이민 가는 D의 고모와 함께 해외에
보냈던 어린 D와 Y(D의 누나)의 메일도 많이 있었어.
'엄마가 보고 싶다. 그립다. 너무너무 사랑한다. 얼마 전
다녀간 엄마의 빈 자리 때문에 혼자 울었다' 등등 눈물

없이는 못 볼 사연들도 넘치더라고. 쭉 읽어보면서 내 젊은 시절, 어린 아내, 어린 엄마 시절을 회상하며 그 밤을 좀 설쳤었네….

오늘도 그 조그만 발로 '열쩡열쩡열쩡'을 고민해 가며 한 걸음씩 앞으로 나아가고 있을 우리 여준이. 어린 시절, 어른스러울 필요 없다고, 넌 아직 어리니까 어린애 같아도 된다고 토닥여 주는 사람이 있었더라면 하고 바랐다는 얘기에 울컥했어. D는 부모가 영원히 부모로 남게 해주는 게 효도라며, 영원히 우리 앞에서는 어리광 부리는 자식으로 남겠다고 당당하게 외치곤 했는데. 이제 내 가족인 여준이도 내가 할 수 있는 한 기댈 수 있고 토닥여 줄 수 있는 든든한 버팀목이 되어줄게.

1년 중 가장 화려하고 멋스러우면서도 또 그만큼 스러져 가는 모습에 쓸쓸하기도 한 가을날이네. 나는 그 화려함에 감동하면서도 그 쓸쓸함까지 감사히 받아들이는 나이를 지나고 있는 듯해. 늙어감이 참 편안하고 좋은 날들이다.

이 일기는 아마도 지금 유럽에 있는 여준이에게 가닿겠지? 20여 일 돌아본 유럽에서의 여준이는 어떤 추억들을

From. 현미

엮어올까? 다음번 교환일기엔 유럽에서의 시간들을 느낄 수 있으려나.

카페에 낮에 들어왔는데 밤이 되어버렸네.
즐거운 시간을 만끽하고, 안전히 돌아오길 바라.

덕분에 몇 시간 동안 카페에서<br>커리어우먼 놀이에 흠뻑 취해본 현미

From. 여준

로또가 되지 않는 건
어머님의 며느리가 되는 데
운을 다 써버렸기 때문이에요

오랜만에 어머님께 교환일기를 보내요. 사실 지난 교환일기를 받고 너무 재밌어서 그 자리에서 여러 번 읽었어요. 카페에 나가 노트북을 연 채 일기를 쓰는 어머님은 어떤 모습이었을까 상상도 해보고, 뉴질랜드에서 D가 어머님께 보낸 메일엔 어떤 내용이 있을까 유추해보기도 하며 재밌게 읽었답니다.

저는 여행할 때 책을 한 권씩 들고 다니는데요, 이번 유럽 여행의 책은 정세랑 작가의 《지구인만큼 지구를 사랑할 수는 없어》였어요. 정세랑 작가는 소설 《보건교사 안은영》을 쓴 여성 작가인데요, 이번 책은 소설은 아니고 여행 에세이였답니다. 유쾌한 문체와 내용에 빠져 무척 즐겁게 여행 독서를 할 수 있었어요. 그중 제 눈이 멈추는 문장이 있었는데요, 작가의 이전 소설 《지구에서 한아뿐》에 썼던 헌사 문장으로, 작가의 부모님에게 쓴 글이었어요. "아무리 해도 로또가 되지 않는 건 이미 엄마 아빠 딸로 태어났기 때문일 거예요"*라는 문장이랍니다.

그 글을 읽고 정말 좋은 문장이라고 생각하며 어머님을 떠올렸어요. 아마 제가 아무리 해도 로또가 되지 않는 건 이미 어머님의 며느리가 되었기 때문일 거예요. 인생의 운을 한곳에 몰빵했으니, 더는 너무 큰 요행은 바라지 않아야겠어요.

어머님이 궁금해하시는 저와 D의 유럽 여행은, 약 한 달이 지난 지금 다시 돌이켜 보니 '진짜 다녀온 게 맞나?' 할 정도로 꿈처럼 느껴져요. 그래도 그 시간들을 떠올려 보면 즐거웠던 감정과 여행 내내 설렜던 마음이 느껴지기도 해요.

여행을 떠나기 직전까지도, 이 바쁜 와중에 떠나는 게 맞나 고민이 많았지만 다녀오고 보니 두말할 것 없이 떠나는 게 맞았어요. 누가 봐도 떠나는 게 맞았는데 왜 그렇게 염려가 되고 걱정스러웠을까요. 그래서일까요, 요즘 저와 D는

* 정세랑, 《지구에서 한아뿐》, 난다, 2019.

우리가 '한다 vs 안 한다'의 선택지에서 점점 '안 한다'를 선택하게 되는 건 아닌지 이야기를 많이 나누어요. 나도 모르게 점점 지금의 상황에 안주하고, 새로운 도전을 하지 않게 되는 것 같더라고요.

앗, 지금 이 일기를 읽고 계신 어머님의 생각을 맞출 수 있을 거 같아요! '다른 사람들보다 제 마음대로 신나게 사는 것만 같은, 이제 막 서른이 넘은 너희가 그런 고민을 한다니, 의외인걸?' 저의 예상, 적중하였나요?

그런데 요즘 정말 그런 거 같아요. D도 6년 전에 했던 카우치 서핑** 여행을 이젠 할 수 없을 것 같다고 하고, 저도 예전만큼 열정적으로 배움을 갈망하지 못하게 된 거 같아요. 점차 귀찮아지는 것도 많고, '굳이' 안 해도 될 것이 많아지고요.

자연스럽게 '안 하는' 선택으로 마음이 향하게 되는데, 그럴 때마다 나이가 더 들면 얼마나 많은 것들을 안 하게 될까 생각하게 돼요. 맛있는 것도 별것이 아니라는 것을 알게 되고, 새로운 곳에 가는 것도 설레지 않게 되고, 사람을

** 여행자가 현지인의 집에서 무료로 숙박하면서 문화 교류를 나누는 방식의 공유 숙박.

To. 현이

만나는 것도 굳이 필요 없는 일이 될 것만 같거든요.

그래서 D의 할머니가 외출을 예전만큼 안 하시는 것도,
저희 부모님이 새로운 식당에 큰 흥미를 못 느끼시는 것도
모두 이해가 되더랍니다. 사실 이건 잘못된 것이 아니고
그저 자연스러운 변화겠지만, 왠지 D와 저는 그 자연스러운
변화를 거부하고 싶은 마음도 큰 거 같아요.

얼마 전 저희가 콘서트에 함께 가자고 어머님께 제안했을
때, 어머님이 단숨에 오케이 하지 않으니 D는 다시 그
고민을 하더라고요. 어머님도 고민할 시간이 필요할
거라고, 주말에 움직이는 건 원래 귀찮은 거라고 D를
달래보았지만, D는 한동안 '엄마가 안 하는 게 많아질까 봐
걱정된다'며 속상해했답니다. 물론 어머님의 진짜 이유는
(비슷하지만 다른 이유인) 젊은 애들이 많은 곳에 가는 게
어색한 것이었지만요.

어머님은 어떠세요? 사실 어머님은 저보다 체력도
좋으시고, 여행도 자주 다니시고, 활발하게 지내시니
큰 걱정은 없다고 생각했거든요. 오히려 제가 어머님
나이가 되었을 때가 더 걱정일 만큼요. 사실 저는 어머님의

추진력을 알기에 크게 우려하진 않지만, 가능한 한
오랫동안 함께 세상을 즐겨보고 싶어요. 그러기 위해서는
저희도 더 가벼운 'Let's Go!'의 마음을 가져야 할 거 같고요.

전 활기차고 재밌는 할머니가 되는 게 꿈이거든요. 제가
상상하는 할머니는 새로운 음식도 시도해 보고, 여행
계획에도 설렘을 느끼는 할머니라 이제 갓 서른을 넘은
지금부터 이러면 안 되는데 말예요. 저보다 더 먼저 이
세상을 살아가고 계신 어머님. 어떻게 하면 활기차고
재밌는 할머니가 될 수 있을까요?

아, 생각해 보니 그래도 저희가 '한다'를 한 가지는 하고
있네요. 이 교환일기 쓰기! 그래도 이렇게 즐거운 '하는'
일이 있으니 좋습니다.

저도 이제 또 다른 '하는' 일인, 저녁을 먹으러 가야겠어요.
어머님도 오늘은 안 하는 일보단 하는 일이 많으시길
바라요.

어머님 로또에 당첨된, 여준

From. 현미

> 요즘 내 주변 친구들도
> 시어머니가 되어가고 있거든.

인생의 로또를 시어머니로 꼽다니. 자고로 '로또'란 평생 한 번 올까 말까 하는 대박의 의미인데 말이야. 나야 우리 며느리가 그렇게 말해줬다고 동네방네 떠들며 자랑하고 싶을 정도로 더없이 행복하고 고마운 말이지만, 부모 마음으로 생각하면 우리 자식인 여준이의 귀한 운을 나로 인해 빼앗고 싶진 않구먼.

어머, 나도 모르게 여준이를 내 자식이라고 얘기했네. 이제 나한테 여준이는 D와 똑같은 내 자식이 되었으니까 틀린 말은 아니지 뭐. 이렇게 말하고 보니 얼마 전 우연히 유튜브에서 본 영상이 떠오른다. 결혼 안 하고 나이 든 아들의 엄마들이 나와서 자식들 일상을 들여다보는 <미운 우리 새끼>라는 예능의 일부였던 것 같아. 거기 나온

Dear. 여준

엄마들은 입을 모아 "아들들 장가가면 며느리와 딸처럼 지내고 싶다, 그렇게 되도록 잘해줄 거다" 이야기하더라고. 그랬더니 그날 게스트로 나온 개그맨이 "딸 같은 며느리는 본 적이 없어요! 그걸 며느리들이 바라지도 않구요! 잘해주는 거 며느리가 싫어하구요!" 하면서 콕 집어서 얘기하더라.

그 개그맨의 말은 너무 가까이하지 말고, 최대한 거리를 유지하며 지내는 게 좋다는 의미겠지?
근데 그게 꼭 웃기려고 한 말만은 아닌 거 같아. 요즘 시대 시어머니와 며느리의 관계에서 일반적 세태라고 하더라고. 요즘 내 주변 친구들도 시어머니가 되어가고 있거든. 우리끼리도 며느리 불편하게 하는 시어머니는 되지 말자고 이야기하곤 해. 그런데 그렇게 얘기해 놓고 이렇게 자연스럽게 여준이를 내 자식이라고 말하다니, 내가 바로 그 시대를 거스르는, 거부하고 싶은 시어머니의 모습 그 자체려나? 하하.

그런데 우리 여준이는 그저께도 같이 맥주 한잔을 했고, 어젯밤에도 얘기할 게 있어 통화를 했는데도 오늘 밤에 또 전화했길래 무슨 일이냐 물었더니 "그냥요" 그러더라고. '그냥'이라는 말. 아무 조건 없는 '그냥'. 세상 제일 편안한

From. 현미

단어 '그냥'. 그 이쁜 말을 여준이가 하는데, 아! 우리
여준이가 이제 진짜 내 자식이 되어가는구나 싶어 참
마음이 흐물흐물하고 좋더라.

엄마의 마음으로는 내가 여준이에게 당첨금 낮은
복권이었으면 좋겠어(아니라고 하더니 내심 나도 복권이고
싶었나 봐). 그리고 더 큰 행운들이 늘 여준이 주위를
감싸다가, 어느덧 나이가 들었을 때 인생 잘 살아낸 활기찬
할머니가 돼서 삶을 주욱 돌아보며 내 인생 전체가
로또였구나, 하면 더욱 좋겠고 말이야. 여준이가 불쑥 던진
로또라는 미끼에 참 긴 입질이었네, 그치?

엊그제는 여준이가 운영하는 출판사가 참여한 북페어에
다녀왔잖아. 행사장에 들어선 순간 생각보다 큰 규모와
엄청나게 많은 부스 그리고 모여든 수많은 사람까지
굉장히 충격적이었어. 나를 보여주고 내 이야기를
들려주고 싶어 하는 사람들이 이렇게나 많았다니. 그리고
그 많은 부스 중 여준이가 가로 60cm 작은 공간에 서서
열심히 자신이 만든 책을 소개하는 모습을 보니 왠지
왈칵, 울컥하더라. 그때 울컥의 의미가 정확히 뭐였을까.
치열한 젊음의 열정들 속에 서 있는 작고 여린 여준이가
안쓰러웠나. 세속적인 성공의 기준이나 틀에 자신을

가두지 않고 자기 자신을 또렷하게 외치는 듯한 그 고집과
당당함이 자랑스러워서였을까.

여기 서기까지 얼마나 많은 생각과 노력이 꿰어졌을까…
그 과정에서 겪었을 여준이의 고단한 마음을 느낀 걸까.
아마도 여준이가 결혼을 하고도 이렇게 꾸준히 해내고
있는 그 모든 일들의 경이로움 자체를 느낀 것 같아. 나는
완전히 몰랐던 세상을 여준이를 통해 접하게 되고, 그 과정
중에 마음을 움직이는 감동의 떨림을 만나게 된 거지.

그날 밤, 너희들이 좋아하는 가수 선우정아 콘서트를
나까지 특별히 보게 해줘서 오랜만에 대학교 교정도
밟아보고, 콘서트의 분위기에 흠뻑 빠져도 보면서 낮부터
밤까지 신촌의 젊음을 다시 훔쳐 가진 듯한 날이었어.
콘서트가 끝난 뒤 가족끼리 맥주 한잔하며, 이런저런
대화로 시간 가는 줄 모르고 낄낄거렸지. 그런 모습들을
보면서 이렇게 공통의 관심사로 서로에게 스며들 수
있음이 얼마나 특별하고 행복한지. 그 밤이 참 따뜻했네.

늘 서로를 응원하고 감동하며 따뜻하게 바라보면 '한다 vs
안 한다'의 시선에서 벗어나 편안한 마음으로

살 수 있지 않을까? 어떤 걸 하고, 어떤 걸 안 하는 것에
얽매이지 않고 말이야.

선우정아의 노래처럼, '그러려니' 하며 살아가는 거지.

> 어쩌면 선우정아 콘서트 관람객 중에서 가장 나이가 많았을
> 그래서 인생을 살아낸 만큼 감동의 크기가 제일 컸을, 현미

From. 여준

## 엄마 같은 시어머니는 없다?

저는 지금 속초 바다가 보이는 한 카페에 앉아 이 일기를 쓰고 있어요. 오늘은 역대급 추운 날이라고 기상예보가 겁을 잔뜩 준 날이에요. 그래서인지 속초의 해변엔 온몸을 꽁꽁 감싼 사람들이 종종 걸음을 걷고 있네요. 따스한 카페 안에서는 삼삼오오 모여 따끈한 음료로 몸을 녹이고 있고요. 이렇게 여행지에서 주변 사람들을 돌아보면, 다들 약간은 흥분된 표정이에요. 저는 이렇게 얼굴의 잘은 근육에서 은은히 보이는 작은 설렘들이 좋아요. "와아아" 하고 소리치는 기쁨보다, 입술 옆 근육, 눈가 옆 근육에서 느껴지는 그런 기쁨이요. 저도 그 사이에서 어머님께 교환일기를 쓰며 입술 옆을 씰룩이고 눈을 찡긋거리고 있답니다. 여행의 설렘과 답신을 보내는 설렘을 함께 느끼면서요.

To. 현이

저도 예전에 그런 문구를 봤어요. "딸 같은 며느리는 없다"는 문구요.

아마도 그 말은 "엄마 같은 시어머니는 없다"에도 적용되겠지요? 저도 생각해 보면 친정엄마를 생각하는 마음과 어머님을 생각하는 마음이 조금 다른 것 같아요. 마음이 닿아있는 '거리'의 차이라기보단 마음의 '모습'이 다르게 느껴져요.

엄마를 생각하면 어린 시절의 제가 먼저 떠올라서 어린 제가 엄마를 만나는 것 같다면, 어머님을 생각하면 30대인 지금의 제가 어머님을 만나고 있는 것 같달까요? 그래서 더 편한 마음과 애정으로 어머님을 생각하는 걸지도 모르겠어요. 아마 그 반증으로 엄마와는 이런 교환일기를 못 쓰겠다 싶기도 해요. 해보면 또 다를지도 모르지만 엄마와 이런 글을 주고받는다면, 어린 시절의 철없는 제가 튀어나와 감정이 앞선 이야기를 주욱 늘어놓을 것 같기도 하거든요. 또 이제는 자꾸 엄마를 가르치려 할 거 같아요. 저는 이상하게 엄마, 아빠 앞에서 잘난척쟁이 해결사가 된답니다. 자꾸 뭔가를 해결해줘야 할 것 같고, 알려줘야 할 것 같고 그래요. 그런 제가 썩 마음에 들진 않지만, 엄마, 아빠 앞에서는 마치 잘난척쟁이 해결사 캐릭터를

설정한 것처럼 저도 모르게 그러곤 해요. 아마 이런 면에서 시어머니는 엄마가 될 수 없는 게 아닐까 싶어요.

그리고 전 지금처럼 어린아이로 만나는 엄마와, 지금의 제 모습 그대로 만나는 어머님이 서로 다르게 제 옆에 함께 해주시는 게 진심으로 좋답니다. 제가 태어난 날부터 함께한 가족과, 어른이 되어 앞으로 함께하기로 한 가족 모두 함께요.

D와 저는 결혼할 때, 서로가 선택한—서로의 합의하에 만드는 첫 가족이라는 것에 큰 의미를 두었어요. 인간사에서 자의적으로 선택하여 가족의 연을 맺게 되는 경우가 많진 않으니까요. 그런데 막상 결혼을 하고 보니, 결혼이라는 게 한 명의 가족을 선택하는 건 줄 알았는데 알고 보니 그 가족 전체를 선택하는 거더라고요.

근데 그게 참 어렵잖아요. 배우자야 여러 검증을 거쳐 제가 선택을 하게 되지만, 배우자의 가족은 사실 얼결에 가족이 된 것이기도 하니까요. 어쩌면 좋은 시댁을 만난 것이 D를 만난 것보다 더 큰 로또일 수도 있겠어요. 역시 지난 메일에 썼듯이 어머님을 만나서 제가 로또에 당첨이 되지 않는 게 분명해요! 그러니 어머님 저를 전적으로 책임지셔야…. 쿨럭.

얼마 전에 이런 글을 보았어요. '어쩌면 현재 안정적인 삶을 살고 있음을 가장 잘 보여주는 것은 실패를 해도 된다는 여유 있는 마음가짐일지도 모른다'는 내용이었는데요. 저는 어머님과 아버님을 만나며 실패에 대범한 사람이 되었답니다. '한번쯤은 실패해도 된다'라는 마음을 지니게 된 것 같아요. 어머님, 아버님은 제가 전에는 받아본 적 없던 응원을 해주시는 분들이었거든요.

저희 가족이 다소 무뚝뚝하여 실제로는 응원하는 마음이 굴뚝 같아도, 표현을 잘 안 해요. 또 제가 K-장녀의 마인드로 응원을 해주기도 전에 '알아서' 잘해놓고 쭈뼛거리기도 했고요. 그런데 저는 어릴 때부터 내심 그 부분이 약간 서운했어요. 아무리 주변의 관심에 겸연쩍어하는 저일지라도, 그래도 칭찬해 주기를 바랐고 응원받고 싶었거든요. 그러다 이제 다 커서 어머님, 아버님을 만났는데 두 분은 칭찬과 응원을 아끼지 않으시니 제가 아주 신이 난 거죠. 그런 응원 덕분에 제가 마음속 보호막을 더 세울 수 있었고요. 그래서 실패에노 낙담하지 않을 수 있는 안정적인 마음을 갖게 된 것 같아요.

From. 여준

아, 며칠 전에 제 친구가 자신의 시어머니를 '엄마!'라고 부르는 걸 보았는데요. 그 모습을 보며 저도 어머님께 엄마라고 할 수 있을까 생각했어요. 그리고 그 생각의 결론은… 어머님을 엄마 정도로 가깝게 생각하고 있는 건 맞지만 (어느 땐 친엄마보다도 더 엄마 같으시지만!) 왠지 엄마라고 하기엔 낯간지럽더라고요. 하하. 아무래도 원가족에서 물려받은 무뚝뚝하고 융통성이 없는 저의 성격 탓이 아닐까 싶어요. 하지만 이젠 '어머님'이라는 딱딱해 보일 수 있는 호칭이 제게 아주 편안한 호칭이 되었답니다.

이제 속초를 떠나 다시 집으로 가야 할 시간이 되었어요. 겨울 바다의 매서운 바람은 이곳에 고이 놓아두고 갈게요. 어머님도 따뜻하게 차분한 하루를 지나고 계시길 바라요.

친정엄마와 시어머니의 다름이 좋은 며느리, 여준

To. 현미

From. 현미

## 젊음에는 그런 통통거림이 있어야지

우리 집은 지금 다 같이 격리 중이야. 결국 코로나19 시대를 거스르지 못하고, 걸리게 된 것이지. 세상이 끝날 거 같은 공포감이 극심했던 팬데믹 초창기 같았으면 제각각 어딘지두 모르는 곳에 끌려가 갇히고, 현관분 앞에는 주홍글씨처럼 X자가 새겨져 온 주민들이 벌레 보듯할 일이었겠지. 그런데 인간은 적응의 동물이니 또 이 생활에 익숙해져서 이렇게 일주일가량 '집콕'하는 정도가 되었네. 어떻게 생각하면 많은 사람들이 겪어낸 상황에 동참하게 되어 아는 척할 얘깃거리가 생긴 게 꼭 나쁘지만은 않은 거 같아. 물론 그 실체가 뚜렷하지 않은 바이러스의 공격으로 우리 몸은 어딘지 모르게 흠집이 좀 났겠지만 말이야.

Dear. 여준

그래도 우리 가족이 이렇게 한 발짝의 바깥 세계도 허락되지 않은 채 꼼짝없이 집에 갇혀 긴 시간을 같이 보내는 건 가족의 탄생 이후 처음이지 싶다. 일상의 많은 요소들이 차단된 만큼 오롯이 자신에게 더 집중된 시간을 보내고 있어. 최고로 단순화된 시간을 공유하며 모든 걸 내려놓게 되는, 진득하게 가라앉은 시간 말이야.

이번에 코로나19를 겪고 보니 건강이 얼마나 우리의 인생사를 복잡하게 끌고 당기는가 싶더라. 건강할 때는 많은 일들을 처리하고 성취하기 위해 최고의 속도로 달리지만, 막상 몸이 조금이라도 불편해지면 오로지 몸과 마음에만 집중하게 되더라고. 찾아오는 병의 무게가 우리 삶의 복잡도를 결정하는 거지. 건강의 이상은 세상사 모든 것의 중요도를 한순간에 바꿔놓을 수 있는 거니까.

안 그래도 위축되는 계절인 겨울의 한가운데, '끝'이라는 맺음의 압박이 다가오는 12월이 왔네. 봄, 여름, 가을은 내 안의 감정이 자칫 흔들릴지라도 색깔 있는 풍경, 가벼운 옷차림, 활기찬 흐름 등 바깥세상의 여러 요인들이 내 안의 기운을 돋아주건만. 겨울은 오롯이 내 안에서 스스로 힘을 찾아내야 하는 위로의 시간인 것 같아. 그 위로의 시간을 더할 수 없이 진하게 맞이한 12월이다. 그래도 주술적인

From. 현미

것을 꽤 좋아하는 난 이번 코로나19가 한 해의 마무리와
시작에서 액땜을 한 번에 퉁쳐버릴 수 있게 해준 것 같아서
진심으로 감사해.

여준이와 이렇게 마음을 나누고 있는 동안 해가 바뀌어
새해 카운팅이 시작되었네. 시간의 흐름이 너무 빨라
이제는 두려울 정도야. 나는 지금 인생의 어디까지 왔을까.
이 시점에 오니 '어떻게 잘 늙을까', '어떻게 잘 오므릴까'
생각하게 돼. 친구들과의 대화 내용도 어느새 노숙해지는
것 같고 말야. 무뎌진 마음의 날을 억지로 갈아 세우려 말고
느긋하고 여유롭게 관조의 자세로 살아보려고 노력도 하고
있어. 이제는 뭐든지 그대로 잘 유지하는 게 최선의 대처일
것 같아.

방금 영상통화에서 예쁘게 앞머리를 자른 여준이를 봤어.
그 모습을 보고 생각했네. 그렇지. 여준이의 나이에는 그런
작은 변화로라도 새해맞이의 설렘을 느껴야지. 젊음에는
그런 통통거림이 있어야지. 나는 여준이의 그 활기가 참
좋더라.

토끼해의 첫날에<br>
병마를 지긋이 즈려밟고 있는 시어머니, 현미

From. 여준

**앞으로 갔다가, 뒤로 가기도 하고,
때로는 거꾸로 가면서**

어머님, 이번 해는 검은 토끼의 해라고 해요.

검은 토끼… 왜인지 귀여운 겉모습을 하고 있지만 속은
아주 단단한 친구일 거 같아요. 이미님과 서의 한 해도 언뜻
귀여운 듯하지만, 단단하고 알찬 한 해였으면 좋겠어요.

작년의 마무리와 올해의 시작은 조금 더 새로우셨을
것 같아요. '집콕'하는 가운데, 한 해가 저물고 한 해가
떠올랐으니까요. 어머님의 말씀처럼 정말 지난해의
액땜과 이번 해의 액땜을 한 방에 해버리신 게 아닐까요!
지난해와 이번 해에 어설피 걸쳐있던 격리 일자가 꼭 액땜
일타쌍피를 노린 것만 같습니다. 요즘 말로 '개이득!'

To. 현이

어머님과 이렇게 교환일기를 나누다 보니 어머님의 시어머니, 그러니까 제겐 시할머니가 되는 분이 어떤 분인지 궁금해졌어요. D에게 대략 듣기론, 스물여섯 살의 젊은 나이에 결혼한 어머님께서 한동안 모시고 사느라고 고생 아닌 고생을 하셨다고 들었어요. 집안일도 서툴고, 모르는 것도 많은 어린 며느리의 우당탕탕 시댁살이였을까요. 그런데 분가한 이후에도 시어머니와 며느리 사이로 지내셨잖아요. 어머님의 시어머니에 대한 이야기는 많이 들어보지 못한 거 같아 궁금하더라고요. 어떤 분이셨나요? 기억을 더듬어 이야기를 들려주세요.

저는 이번 해를 시작하는 문장으로 수학자 김민형 님의 인터뷰 속 문장을 뽑아보았는데요.

> "중요한 건 앞으로 갔다가, 뒤로 가기도 하고, 때로는 거꾸로 가면서 지식을 얻는 겁니다. 그런 가운데 자신을 위해 하는 일과 세상의 요청 때문에 하는 일을 자연스럽게 병행할 수 있으면 좋습니다. 두 가지가 서로에게 도움이 되기도 한다는 말이죠"*

* 〈수학자 김민형: 체계 없는 공부, 마침내 명료한 수식이 되다〉, Longblack, 2022.12.28

이 문장은 제가 상상하는 어머님의 신혼생활 속 모습과도
연결이 되는 거 같더라고요. 앞으로 갔다가, 뒤로 갔다가,
때론 거꾸로 가면서 집안일을 배우고, 그 가운데 어머님
자신을 지키기 위해 영어 공부를 꾸준히 하시고,
또 며느리, 아내, 엄마라는 역할에 최선을 다하셨을
어머님의 모습이 너무 그려져서요.

그 시절, 어머님은 어떤 시어머니와 함께 어떤 관계를
맺었을지 궁금해요. 어머님이라면 분명 사랑받고,
사랑하는 사이였을 것 같은데 그래도 저희처럼 교환일기는
안 쓰셨겠죠? 히히.

나중에 누가 제게 시이머니와 관계가 어떠냐고 물으면
"난 어머님과 교환일기 나누는 사이야! 즉 찐친이지!"라며
자랑을 해야겠어요.

                          앞으로, 뒤로, 거꾸로 갈 용기를 안고, 여준

To. 현이

땅을 밟고 있던 육신이
하늘과 가까워져서일까




지금은 삿포로로 가는 비행기 안이야.

상상조차 하지 못했던 바이러스의 지구 공격으로 모든
것이 움츠러들었던 지난 3년을 넘어 이런 순간이 또 오긴
했네. 어디론가 떠난다는 약간의 흥분과 설렘이 비행기의
진동과 섞인 이 미세한 떨림을 얼마 만에 맛보는 건지 싶어.
돌아보니 2018년 11월 D의 친가 쪽 어른들과 떠났던 태국
여행 이후 4년 3개월 만의 외유네.

'환갑'이라는 인생의 타이틀을 걸고 고등학교 친구들 네
명이 부부 동반으로 떠나는 길. 여전히 만나기만 하면
고등학교 복도에서 떠들던 그 시절처럼 시시덕거리는데
어느새 인생 육십갑자를 돌아 세상이 만들어 준

Dear. 여준

'환갑'이라는 꼬리표를 달게 된 친구들과 자축인지 위로인지를 핑계 삼아 으싸으쌰 계획한 여행이야.

얼마 전에 이사하신 내 어머니의 짐을 정리해 드리다 보니 내가 그동안 무슨 기념일마다 써서 드렸던 카드들을 모아놓은 상자가 있었어. 거기에 엄마 환갑날 드린 카드가 있더라고.

"내 마음속 엄마는 늘 40대인데 어느새 60세라니…"로 시작하는 카드가 말이야. 아마도 젊은 나에게 엄마가 60세가 됐다는 사실이 충격이었던 것 같아. 그런데 그 나이가 또 어느새 나에게 와 있더라.

옛날 시아버지 모시고 살 때, 눈 한 번 감았다 뜬 거 같은데 아흔이 되었다고 맨날 그러셨거든. 나이가 들수록 세월의 속도에 대한 그 말씀의 의미를 점점 더 알겠더라고. 죽음을 생각하는 하루하루를 보냈을 그 마음이 어떠셨을지….

60세라는 나이조차 믿기지 않았던 엄마도 이제는 '치매'라는 노인의 굴레까지 쓰인 90세가 되셨네. 요새 보고 있는 TV프로그램에서 모든 문명과 문화와 인간사 모든

From. 현미

일들의 근원은 '우연'에서 만들어진 거라는 얘기를 하더라.
그걸 보며 엄마 뇌의 부조화는 어떤 우연의 꼬임에서
시작된 걸까 하는 생각을 했어.

치매 증상 중 하나로 반복적 질문과 무한 확인의 굴레에
들어선 내 어머니. 시간이 지날수록 내리사랑과 치사랑의
어쩔 수 없는 간극이 점점 더 벌어질까 봐 안쓰럽기도 하고
무섭기도 하고 그래. 아흔이 넘어 한 번 쓰러지시기까지
해서 행동이 예전 같지 않은 여준이의 외할아버지도
그렇고. 스러져 가는 노인들의 시간이 참 서글프다.

어쩌다 보니 날고 있는 비행기 안에서, 시작되는 여행의
흥분보다 죽음에 다가가는 늙어감에 대해 끝없이
늘어놓았네. 어떤 경계를 넘어갈 듯한 아슬아슬한 시간
속에 살고 있는 엄마를 두고 나만 여행을 떠난다는 데서
오는 죄책감 때문이려나. 아니면 땅을 밟고 있던 육신이
하늘과 가까워져서일까.

내가 탄 비행기가 혹시 모니터 없는 비행기일까 봐 우리
여준이가 핸드폰에 영화도 다운 받아줘서 진짜 든든했는데
그거 볼 새도 없이 여준이랑 심오한 얘기를 나눠버렸네.

Dear. 여준

여준이 나이에는 별로 관심 없는 얘기였을 텐데. 그치?

나도 여준이 나이였을 때는 현재를 살기에도 너무 바빠서 늙음이란 단어는 생각 테두리 안쪽으로 떠올려 본 적도 없던 거 같거든. 그냥 60세라는 숫자의 충격파 넋두리였던 걸로 하자!

비행기가 다시 땅에 내리면 언제 그랬냐는 듯 여행의 묘미에 취해 한껏 가벼이 마음을 띄우고 다닐 테니까. 하하. 영화 <러브레터>의 "오겡끼데스까~"라는 슬픈 외침을 눈밭에서 신나게 외쳐보겠어!

아참, 여준이가 궁금해했던 나의 시어머니 이옥례 여사에 대해 이야기할 타이밍을 놓쳐버렸네. 아쉽지만 그건 다음 글에서 이어가는 것으로 하자.

비행기 울렁증을 교환일기 덕분에 완벽차단한 현미

From. 현미

From. 현미

> 그 방 한 칸이 이제는
> 나의 안식처라는데

나의 시어머니 이옥례 여사는 조용하고 단아해 보이지만, 부드러움보다는 강인함이 느껴지는 분이셨어. 작은 체구에 말씀도 소곤소곤 작은 소리로 하셨지만 언행에는 올곧은 기가 느껴졌달까.

네 시아버지 말씀이, 젊은 시절 어머니는 대장부 기질이 있으셨대. 면장님이셨던 D의 할아버지가 워낙 약체를 타고 나서 바깥일 외에는 자주 앓아누워 계셨나 봐. 그래서 어머님이 우스개처럼 하셨던 얘기가, 약한 남편 죽기 전에 얼른 자손이라도 보라고 나를 며느리로 들인 거 같다고 그러셨지.

그러다 보니 그 지역서 떵떵거릴 정도의 큰 농사일이며

집안 대소사를 어머니께서 다 관장하셨다 하더라고.
그러면서도 큰 소리 내시거나 안달하는 걸 본 적이 없고 늘
과묵하게 지켜보며 집안의 중심이 되셨대.

그런 분을 시어머니로 맞을 운명이 다가올 무렵, 나는
대학을 갓 졸업해 선생이라는 직장인으로서의 자부심에만
취한, 세상사에 대해 아무것도 모르는 아가씨였어. 어른
앞에서는 병적으로 기가 죽는 소심함에 아직 철이 덜 든
아이 같았던 때지. 그저 미팅하는 기분으로 별생각 없이
나간 자리에서 느닷없이 늙은 총각(당시 네 시아버지 33세.
그때는 결혼이 너무 늦었다 생각되는 나이였거든)의 덫에
걸려 어쩌다 보니 내가 결혼식장에 서 있더라!

그날이 시어머니를 네 번째 뵙는 날이었어. 아마도
어머니랑 주고받은 말은 몇 마디 인사가 다였을 거야.
알다시피 네 시아버지가 7남매 중에 여섯째 아들이잖아.
막내아들로 부모님이랑 같이 산 세월이 길어서 그랬는지
당연히 결혼 후에도 본인이 부모님을 모시겠다고 그랬대.

그 덕(?)에 시집살이가 시작됐어!

From. 현미

어머님이 살고 계시던 집이 화장실을 기준으로 안방과
건넌방이 마주 보고 있는 구조였는데, 가운데서 양팔을
벌리면 손끝이 닿을 만큼 가까운 거리였지. 그 작은 건넌방
한 칸이 이제 나의 안식처라는데, 글쎄 나는 안식의 의미를
모르겠더라. 불편한 잠을 자고 나가보니 며느리로서 해야
할 첫 끼니 준비가 기다리고 있었어. 시어머니는 말씀은
적지만 지시는 명료한 스타일이어서 스물여섯 살 어린
며느리에게는 그저 차갑게만 느껴졌어. 며느리는 처음이다
보니 모르는 일이 너무 많았는데, 소심하기도 하고 어른이
어렵게 느껴지니 여쭤보는 것도 쉽지 않았거든. 그저
움츠러들고 마음이 춥기만 했던 것 같아. 그래서인지
학교에서 하루 종일 일한 뒤, 부른 배를 안고(결혼하자마자
바로 D의 누나를 임신했던 터라) 집에 돌아가는 퇴근길
발걸음이 어찌나 무겁던지, 발이 질질 끌리는 기분이었어.

물론 세상을 더 살아보니, 어머니가 특별히 뭘 잘못하신
건 없었다는 걸 이제는 알지. 당시에 이미 일흔 넘은
노인이셨는데, 늦게 본 막내며느리가 살랑거리며 친근하게
다가갔으면 얼마나 좋았겠어. 나는 그저 여린 마음에
주눅 들어 몰래 울기나 했지. 어머니가 비록 과묵한
성품이셨어도 내가 하기 나름으로 다정한 관계가 될 수도
있었을 텐데 말야. 어머니는 그저 당신의 역할에 충실하게

사셨고, 따뜻함을 표현하는 방법이 서툴렀을 뿐인데, 나는 그때 뭐가 그렇게 서럽고 기가 죽었을까.

그렇게 10여 년의 시간을 함께 보냈지만, 항상 나는 내 순서가 아직 안 왔다고 생각했던 거 같아. 형제 분들이 방문하시면 그분들과 대화가 우선이라 생각해 자리를 피해드렸고. 또 그때만 해도 어른들과 남자 형제들은 안방에, 며느리들은 부엌 식탁에 모여있을 때이기도 했으니까. 그렇게 어머니와 제대로 된 대화 한번 못 해보고 헤어짐의 순간이 와버렸어. D가 초등학교 2학년이었던 해에 시골집에서 잔치를 하던 중에 쓰러지셨고, 그 후 1년을 의식 없이 누워 계시다 돌아가셨지.

투병생활 1년 동안 우리 식구들은 매주 토요일마다 어머니 곁을 지켰는데 그때가 어머니와 함께한 제일 긴 시간이었던 것 같아. 눈만 뜨고 계실 뿐, 의식은 어딘가를 떠돌고 있는 어머님 곁에서 마음 속으로 대화도 하고 그랬지. 있을 때 잘하라는 말은 실제로는 그렇게 하기가 어려워서 늘 후회하는 인간의 어리석음을 꼬집는 말이 아닐까 싶어. 초점 없는 눈빛으로 누워 계시는 어머니를 보고 있으니 더 살갑게 다가가지 못한 세월들이 너무 죄송하더라.

From. 현미

쓰다 보니 여준이와 나의 관계랑은 많이 달랐네.
여준이의 상상대로 사랑 넘치는 시어머니와 이쁨받는
막내며느리라는 그림이었다면 참 좋았을 텐데…. 지금처럼
마음에 이해의 공간이 더 있었더라면 어머니와 좀 더
따뜻한 추억을 쌓을 수 있었을 텐데 그것이 아쉽네. 그래도
아버님은 어머니 돌아가시고 10여 년 세월을 아들들이
1년에 3개월씩 돌아가며 모신 덕에 어머니와는 만들지
못했던 추억들을 만들 수 있어 참 다행이지. 지금도 가끔
집 안 구석구석에서 불쑥 아버님 모습을 떠올리게 돼서
미소 지어질 때가 있어. 그 시간들이 어쩌면 어머니가
남겨주신 선물이 아니었나 싶기도 하네.

사실 어머니를 꿈에서 송송 뵙곤 해. 마치 지금도 살아
계신 것처럼 자식들과 식사하시기도 하고, 지금 누워 있는
산소 자리가 물도 안 차고 뽀송뽀송 아주 좋다는 말씀도
하신단다. 살아생전보다 꿈에서 더 많은 얘기를 나누는 것
같아. 나도 몰랐던 나의 죄책감 때문이려나.

오늘은 어머니 생각을 많이 했으니 오늘 밤에도 어머니를
만나게 될지도 모르겠다.

아쉬움과 반성으로 지난날을 돌아봤던 현미

Dear. 여준

## 우린, 뜻하지 않은 팀플을 하게 된 거니까요

시할머님이 누워 계실 때, 어머님께서 함께 밤을 보내며
이 얘기 저 얘기 나누었을 모습이 눈앞에 그려져요. 어쩜
그렇게 따듯하실까요. 당연한 일처럼 이야기하셨지만
모두에게 가능한 일은 아니었을 거예요. 할머님이
어머님의 꿈에 자주 찾아오시는 걸 보니 생전에 표현은 잘
못 하셨더라도, 어머님에 대한 애정이 마음속에 가득하지
않았나 싶어요. 사랑스러운 막내며느리,
더 잘해줄걸, 더 표현해 줄걸 하시면서요.

시어머니와 며느리 사이는 사실 저희가 유별난 것이지
대부분은 불편하고 어렵다고들 하잖아요. 왜 그럴까
생각해 보면, 사실 당연한 거 같기도 해요. 자의가 아닌
타의로 맺어진 관계인데, 그런 것치고 소통도 만남도 많은

팀플을 하게 된 거니까요. 특히 한국 사회에서는 명절 같은 때에 팀 메이트가 되어야 하는데, 서로의 성향도 정확히 모른 채로 일단 함께 고! 해야 하니, 그 자체가 쉬운 일은 아닌 거죠.

고부 관계라는 게 그 시작부터 어려움을 바탕으로 이뤄진 관계인데 단순히 '고부 갈등'이라고 단정 짓는 건 너무하다는 생각이 들어요. 마치 서로 이해가 부족해 일어난 갈등인 것처럼 말이에요.

그러고 보면 장인어른과 사위도 조금 다른 면에서 또 어렵고 불편한 관계라고 하잖아요. D와 저희 아빠가 어떻게 지금 서로에게 푹 빠지게 되었나 생각해 보니, 저희는 결혼 전부터 조금씩 믿음을 만들어 가는 시간이 있었던 것 같아요. 사실 저는 연애할 때 아빠와 엄마가 이해되지 않을 때가 있었거든요. 예를 들어 심야영화를 보러 갈 때, D와 함께 간다고 하면 더 크게 걱정을 하는 거예요. 저를 지켜주면 지켜줬지 해할 사람은 아닌 애인과 함께 가는 걸 오히려 더 걱정하는 게 이해되지 않았어요.

저와 D는 고민 끝에 부모님을 만나기로 했죠. 꾸준히 만나서 D가 믿음직스러운 사람이라는 걸 알게 되면

우려가 줄어들 것이라 생각하면서요. 그렇게 자주 얼굴을
보여드리고, 대화의 시간을 만들다 보니 아빠가 D를
신뢰하게 된 거죠.

심지어 저희 아빠, 저보다도 먼저 D에게 프러포즈
하셨잖아요! 하 하. 어느 중국집에서 갑자기, "D야, 우리
가족이 되어줘"라고 하셔서 그 자리에 있던 모두 적잖이
당황했다니까요. 그래도 딸보다 먼저 프러포즈할 만큼
아빠가 D를 좋아하게 되니, 그 이후엔 연애도 더 편해졌던
거 같아요. 여행도 솔직하게 말하고 다녀올 수 있고, 밤에도
마음 편히 데이트할 수 있고요. 고부 관계에서도 그렇게
서로를 알아가고, 그래서 우리만의 팀플 방식을 파악할
수 있는 시간이 주어진다면, 조금은 다를 수도 있겠다
싶더라고요.

제 꿈에도 이옥례 여사님이 나와주시면 좋겠어요.
어머님이 얼마나 따숩게 시할머님을 생각하고 계신지,
지금 제게 얼마나 좋은 시어머니인지 이야기해 드리고
싶네요. 제 꿈에 놀러 오셨는데, 제가 못 알아뵐 수도
있으니 어머님 댁에 가거든 사진을 잘 살펴봐야겠어요.

세상 따뜻한 막내며느리의 유일 며느리, 여준

To. 현미

2부

From. 현미

삶은 거짓말처럼 시작되고
거짓말처럼 끝나는 것 같아

몇 분만 지나면 우리 여준이 생일이구나! 온갖 생명들이
살아있음을 증명하는 요즘, 시작과 희망의 상징인 이
봄날에 아가 여준이가 세상에 왔네. 다시 살아날 것 같지
않던 메마른 가지와 누런 잎들 사이에서 삐죽 올라오는
새순들을 보면 얼마나 신기한지 몰라. 매년 피어나는
새순을 바라보는 마음도 이리 설레는데 세상에 없던
새로운 생명체와의 첫 만남, 그 떨림과 환희의 순간에
비교될 기적은 없을 거야.

여준이 부모님과 아가 여준이의 시간은 어떤
모습이었을까? 나의 첫 아가와의 만남은 감사함으로
시작되긴 했지만 기쁨보다는 두려움이 컸던 것 같아.
겨우 스물일곱 살이었으니까. 삶에 익어진 지금 같은

Dear. 여준

마음이었다면 내게 찾아온 기적과 그 행복감을 온전히 느낄 줄 알았을 텐데…. 그때는 엄마 되는 법을 보고 배우지 못한 채, 마음의 훈련도 없이 갑작스레 엄마라는 이름을 얻게 되어서 버거웠던 것 같아. 예쁜 아가 옆에서 나는 겁이 났고 우울했고 힘들었어. 많은 사람들이 겪는다는 산후우울증 증세였지. 그래서 너무 귀하고 소중했던 아가와의 시간들을 충분히 느끼지 못한 게 후회되고 안타까워.

만약 내가 어린 나이에 고아 아닌 고아처럼 사랑을 받지 못하며 자라지 않았다면, 우리 엄마가 사랑을 주는 법에 서툰 분이 아니셨다면… 그래서 철없는 어린 엄마였던 나에게 큰 울타리가 되어 "괜찮다, 다 그런 거야" 하고 토닥여 주며 마음의 길잡이가 돼주셨더라면 나의 아가들도 더 많은 사랑의 시간들을 누렸을까? 앗, 괜히 죄 없는 나의 엄마 탓을 하고 있는 건가(엄마, 죄송합니다^^). 어쨌든 되돌릴 수 없는 그 시간들이 아깝고 미안하고 그렇더라.

세상 사람들이 마음껏 서로 속고 속이며 즐거움을 주고받는 만우절, 최고의 서프라이즈로 세상과 첫인사를 나눈 우리 여준이. 삶은 거짓말처럼 시작되고 거짓말처럼 끝나는 것 같아. 내 나이쯤 되니 나의 세상 속에 살던 많은

From. 현미

사람들이 이미 사라지고 없더라. 엊그제 친구들과 봄볕 나들이를 다녀왔는데 여행 중에도 친구들에게 세 사람의 부고장이 날아오더라고. 언니의 시어머니, 딸의 친구의 엄마, 딸의 친구까지. 참 굽이굽이 힘든 사연들이 많아. 그때 새삼 우린 기적 같은 순간들을 살고 있구나 싶었어.

여린 색들의 조화가 경이로운 이 봄날은 참 여준이와 닮은 것 같아. 새순처럼 빼꼼 작은 몸짓이지만 그 안의 푸르른 생명력과 자신만의 색을 빛낼 줄 아는 아름다움, 그리고 혹독한 겨울을 이겨낸 따스함. 우리 여준이는 그런 봄날 같은 사람이야. 여준이에게 이어질 계절이 앞으로 얼마나 더 멋질지, 내가 큰 울타리가 되어줄게. 누군가 내 인생의 울타리가 되어주고 있다는 건 참 힘 나는 일일 테니까. 그 울타리 안에서 마음껏 행복을 펼쳐봐!

지금 이 순간이 쌓이고 쌓여 오늘이 되고 내일이 오고 계절이 지나는 법이니까. 미래에 대한 생각에 눌려 지금을 잃지 말고 늘 현재를 즐기면 좋겠다.

> 지금 여기 우리와 함께 있음을 감사하며
> 봄밤에 현미

귀한 선물처럼 우리 가족으로 와준
여주니.
엄마 아빠의 더할수 없는 축복으로 태어나
사랑으로 자라서
마침내 그 따뜻한 품을 떠나
비로소 어른이 된 시작의 첫생일!
그 첫 발걸음부터
그 어느때보다 가볍고 신나고 행복할수있길
응원하고!
기대하고!
지켜줄께요!!

　　　　　　　　　　엄마이고 싶은 시엄니.

From. 여준

지금을 즐기며 살아가고 있음은
정말로 기적이에요

제가 이 교환일기를 생각하게 된 계기는 3년 전 어머님의 생일 축하 편지 덕분이었어요. D와 결혼하기 직전이었던 그 해의 생일날, 바쁘게 일하고 D와 간단히 저녁을 먹고 집에 가려는데 어머님께 연락이 왔었죠. 집에 가는 길에 잠시 나올 테니 만나자고 하시면서요. 그렇게 귀갓길에 어머님이 차로 마중 나오셔서 선물도 주고, 편지도 주셨잖아요.

그때 그 편지를 읽고 눈물이 핑 돌았어요. 특히 "응원하고! 기대하고! 지켜줄게요!"라는 마지막 문단이 제 마음을 몽글하게 했던 거 같아요.

어머님은 정말 그 편지처럼 항상 절 응원하고 지지하고

To. 현이

지켜주시는 것 같아요. 이번 일기에서도 "누군가 내 인생의 울타리가 되어주고 있다는 건 참 힘 나는 일"이라는 말씀을 해주셔서 정말로 힘이 났어요. 누군가의 지킴을 받는 느낌을 느껴본 적이 있었나 생각해 보면, 잘 떠오르지 않아요. 어머님처럼 저도 조금은 고독하게(?) 씩씩하게 자란 편이어서 그런지, 지켜주는 입장이 오히려 더 익숙했으니까요. 어른이 되어도, 누군가 나를 응원해 주고 지켜준다는 느낌은 사람을 참 용기 있게 만드는 것 같아요. 저도 꼭 그런 어른이 되어야겠어요! 결심! 불끈.

이렇게 매년 생일마다 어머님의 편지를 받는 건 저의 큰 기쁨이에요. 역시 이번 해에도 생일날 12시 땡! 정각에 도착한 어머님의 편지 덕분에 생일 밤 침대 위가 따뜻했더랍니다. 가능하다면 오래오래 어머님의 생일 축하 편지를 받고 싶어요.

삶은 거짓말처럼 시작되고 거짓말처럼 끝난다는 말. 정말 맞는 말 같아요. 그 거짓말 같은 경험을 해보고자 요즘 D와 저는 자녀를 언제 어떻게 가져야 할까 고민을 시작했어요. 어쩌면 세상에서 가장 큰 결정일지 모를 고민 앞에서 많은 것들이 여전히 묘연하고 불확실하지만, 저희 둘이 공통으로 생각하고 있는 건 마음의 준비를 단단히 하고

From. 여준

기대하는 마음으로 아이를 갖고 싶다는 거였어요. 특히 저는 잘 모르는 것에 대한 두려움이 큰 편이에요. 그러다 보니 어떤 상황을 무계획의 상태에서 마주하면 크게 스트레스를 받을 때가 있어요. 그래서 우리의 자녀 계획이 제 커리어를 위해서도 언제 어느 시기가 가장 적합할지, D의 앞날을 위해서도 언제가 가장 적합할지를 미리 계산해 보기도 했고요. 이런 걸 생각해 두지 않으면 갑작스러운 상황에서 아이가 등장했을 때 스트레스 요인이 될 수도 있을 것 같더라고요.

요즘 이런 고민들을 해서 그런지 (저희의 이야기를 들은 것 같은) 유튜브가 알고리즘으로 자꾸 임신, 출산, 육아에 관한 영상을 추천해 주고 있어요. 덕분에 한 젊은 부부의 출산, 육아 브이로그도 보고 관련 책도 읽으면서 조금씩 임·출·육의 세계를 공부하고 있답니다.

그런데 생각해 보니 저는 이렇게 공부도 하고 제 앞에 펼쳐질 날들에 대해 미리 숙지도 하면서 아이를 맞이하게 되는 것 같은데, 어머님은 그런 정보를 얻을 곳도 별로 없지 않으셨어요? 뭐든 잘 모를 때 경험하는 게 낫다는 말도 맞는 말이지만, 그렇기에 겪을 수밖에 없는 어려움도 많았을 것 같아요. 상황이 다르기에 '엄마됨'에 대해

한마디로 이야기할 수 없겠지만 계획적인 성향의 J에겐
지금처럼 정보가 넘치는 시대가 더 좋을 수도 있겠고요.
앗, 그래서 어머님도 종종 "요즘 엄마들은 이렇게 저렇게
하던데, 나도 그렇게 했으면 애들이 더 잘 컸을지도
몰라"라는 말을 하셨던 걸까요? 저는 그런 말씀을 들을
때마다 '어머님은 이미 충분히 잘 키우셨는데 얼마나
더?!'라고 생각했어요. 이 생각을 하니 중요한 건 정보가
아닌 것도 같네요.

아! 저와 D의 공통 생각 중 가장 중요한 걸 까먹었네요.
우리가 '함께한다면' 임신과 육아가 많이 힘들고 어려워도,
재미있을 거라는 생각이요. 시간이 갈수록 그것만큼
중요한 건 없다는 걸 깨달아요. 임신과 육아뿐만이
아니겠지요. 아마 삶 전반에 이런 생각이 함께한다면 기쁜
날들이 많지 않을까 싶어요.

어머님이 저의 생일을 축하하며 죽음을 떠올리셨듯, 저도
새로운 생명을 고민하게 되니 자연스레 죽음도 생각하게
되는데요. 사실 저는 죽음에 대해 큰 두려움을 가지고
있어요. 예전에 심리상담을 통해 죽음에 대한 걱정과
생각을 해소하고 싶은 마음도 있었을 정도로요. 저의 이런
마음은 아마도 고3 말부터 대학교 1, 2학년 때 촉발된 거

같아요. 막 성인이 되던 그때, 제 주변에서 갑작스럽게 너무 많은 죽음들이 일어났어요. 제가 잘 따랐던 고등학교 선생님부터 친구의 부모님, 친할머니, 그리고 친한 친구까지. 몇 년 사이에 너무 많은 허탈한 죽음을 맞이하며, 저의 두려움이 커졌던 것 같아요. 그땐 이렇게 어른이 되어가는 건가, 생각도 했는데 지금 돌이켜보면 어린 나이에 감당하기에는 버거운, 연속된 죽음을 경험한 게 아닌가 싶어요.

그 시기에 제게 조금씩 쌓였던 죽음에 대한 두려움이 부풀어 올랐어요. 그 두려움은 소중한 이들이 갑자기 떠나버리면 어쩌나 하는 두려움으로 피어났고요. 지금도 그 두려움이 사라지진 않았어요. 어느 순간 불현듯 제 앞에 종종 나타나곤 해요.

하지만 상담을 받으면서 배운 게 있어요. 이 두려움은 저를 자주 찾아오지만, 러닝타임(?)이 짧다는 거예요. 짧게 걱정하고 바로 잊는다는 거죠! 선생님 말에 의하면, 이 두려움은 서너 번 상담하면서 충분히 해결될 수 있을 거라고 하셨어요. 언젠가 여유가 생기면 다시 받아볼까 싶어요. 상담을 통해 저의 이 두려움을 해소할 수 있다는 사실만으로도 큰 안도가 되지만요.

To. 현이

조금만 생각해 보면, 우리가 이렇게 생과 사 사이에서 지금을 즐기며 살아가고 있음은 정말로 기적이라는 것을 바로 알게 돼요. 며칠 전에 한 TV 프로그램에서 '신이 내린 상팔자'로 유명한 장항준 감독이 이런 말을 했더라고요.

*"모든 순간을 즐기지 않으면 행복이 와도 온 줄 모른다."*

사실 그는 '신이 내린 상팔자'가 아니라, '행복을 행복으로 아는 사람'이지 않을까 싶어요.

새순이 돋아나고 생명력이 꿈틀대는 이 봄날, 어머님은 봄비 같은 분이라는 생각이 들어요. 건조하여 산불도 자주 났던 요즘, 봄비만큼 반가운 존재가 있을까요? 비는 보통 세상을 가라앉히지만, 봄비는 세상을 다시 움트게 만드는 것 같아요. 새순에겐 물을 주고, 공기는 더 맑게 해주면서 더 촉촉한 세상을 선사하니까요. 봄날 같은 여준은 봄비 같은 어머님의 응원을 받았으니 더 힘차게 세상에 나아가 보겠습니다!

행복을 행복으로 아는 사람이고 싶은, 여준

From. 여준

다정한 마음의 원천이
노력이기보단 끌림이기를




이번 여준이 소식은 제주에서 바닷바람을 맞고 왔네.
같이 제주에 간 친구와 바쁜 일정이었을 텐데 이렇게
글 쓸 마음이 나다니…. 게다가 그 빡빡한 일정 중에
시어머니에게 교환일기라니! 옆에서 친구가 여준이를 보며
신기해했을 거 같아. 시어머니랑 도대체 어떻게 그러냐고
말야. 하하. 이쁜 풍경을 볼 때도, 좋은 곳에서 행복을
만끽할 때도, 맛있는 음식을 즐길 때도, 지쳐서 위로받고
싶을 때도 불쑥불쑥 나를 떠올려 주니 부모 마음으로는 이
이상 가는 기쁨이 없네!

여준이가 얼마 전에 D가 회사 일로 늦게 온다고 했다면서
나한테 저녁 번개를 신청했잖아. 그때도 정말 우리
며느리 마음의 깊이는 대체 어디까지인가 싶어 너무

Dear. 여준

흐뭇했어. 여준이처럼 하지 못했던 내 젊은 날을 반성까지
하게 되더라. 나도 어머니를 어려워하지만 말고 먼저
다가갔으면 더 많은 추억을 만들 수 있었을 텐데 하는
반성 말이야. 여준이의 그 다정한 마음의 원천이 애쓰는
노력이기보단 즐거운 끌림이기를 바라. 그리고 가족이라는
울타리도 그런 마음을 지닌 여준이에게 그 어느 곳보다
편안히 쉴 수 있는 곳이 되면 좋겠네.

우리는 태어난 순간부터 수많은 사람들과 엮이며 각자의
마음속 울타리에 관계의 카테고리를 만들며 살아가는
거 같아. 가족으로, 친구로, 연인으로, 내 사람을 만들고
챙기고 보살피기도 하면서 말야. 그 과정에서 때로는 떠나
보내거나 잃기도 하면서. 여준이도 나이에 비해 많은
죽음들을 겪었네. 어린 친구는 어떤 사연이 있었길래
여준이 곁을 떠났을까. 그런 일이 얼마나 충격이었을지
나도 충분히 짐작이 된다. 대학 시절, 엊그제 만났던
친구에게 전화를 걸었는데 친구 부모님으로부터 친구가
죽었다는 소식을 들었던 순간이 아직도 생생해. 도저히
믿기질 않아 크게 울부짖었지. 고3 시절 세상을 떠난
아버지도 정말 허망하게 가셨는데, 잦은 음주 탓에 속이
불편한 거겠거니 하시다가 의사 친구가 있던 대학병원에
검사차 들렀는데 그 길로 열흘 만에 떠나셨어. 그렇게

때로는 내 울타리 안에 있던 소중한 사람들이 자신의
의지와는 상관없이 한순간에 영원히 사라지기도 하지.

얼마 전 떠난 D의 고모는 아직도 마음에 쌩한 바람길을
만들곤 해. D도 두 번째 엄마라고 할 정도로 좋아했던
분이지. 그 사람이 얼마나 좋은 사람이었는지, 얼마나 잘
살았는지에 따라 남겨진 사람들이 느끼는 고통의 크기도
달라진다는 걸 새삼 실감하게 하더라. 그녀의 부재는
모두에게 큰 상처를 남긴 것 같아. 엄마를 잃은 우리 조카들
마음은 말해 뭐하겠니. 조카 S가 장례식을 치르는 내내
가슴뼈가 너무 아파서 병원 진료까지 받았는데 알고 보니
그 병증이 마음이 너무 아파서였다는 말에 어찌나 가슴이
미어지던지….

그렇게 고모를 보내고 난 첫 겨울, 다 같이 산소에
갔던 어느 날은 유난히도 매섭게 추운 날이어서 코트
주머니에서 손조차 빼기 싫을 정도로 차가운 공기가
가득했어. 그런데도 젖은 휴지로 열심히 비석을 닦는
조카들 모습에 가슴이 저 끝까지 아리더라. 언 땅 저 깊은
곳에서 얼마나 추울까. 모두의 마음들이 얼어붙어 버려서
말이 되어 나오지 못한 시간들이었어.

Dear. 여준

엊그제 운전을 하고 가는데 조승우가 부른 <꽃이 피고 지듯이>가 흘러나오더라.

"나 이제 가려 합니다. 아픔을 남겨두고서.
당신과 못다 한 말들 구름에 띄워 놓고 가겠소."

이 가사를 들으며 문득 D의 고모가 떠올라 눈물이 줄줄 났네. 유난히 꽃을 좋아했거든. 세상 뜨기 얼마 전엔 길가의 노란 꽃들 얘길 자주 했었고. 그래서인지 차를 타고 도로를 달릴 때마다 떠올라. 어떤 장면에서, 어떤 노래에서, 어떤 글귀에서, 시도 때도 없이 자꾸만 떠올라서 그녀와의 추억에 사로잡히곤 해.

나도 여준이처럼 죽음에 대한 생각을 가까이 두는 경향이 있는데, 대체로 그 생각의 실체는 두려움보다는 의문에 가까운 것 같아. 왜 자연사의 축복은 아주 소수에게만 허용될까. 대부분의 허망한 죽음의 이유는 뭘까. 우주의 질서를 관장하는 분이 하는 일의 의미는 뭘까.

많은 의문 속에 답을 찾으려 애쓰지만 결국 마지막까지 남는 생각은 우리는 늘 현재를 살아야 한다는 사실,

From. 현미

그것뿐인 것 같아. 지금, 오늘, 내가 충실히 살아있음이
삶의 전부가 아닐까.

여준이 부부가 충분히 그렇게 살아가고 있는 것 같아서
보기 좋아. 그런 너희들에게 새 생명을 보내주셔서
미래까지 꿈꾸게 해준다면 우리들의 시간은 더
아름다워지겠지.

여준이가 준 꽃이 꽂혀있는 식탁에서, 눈 들어 세상을
다 품을 작정인 양 한껏 벌어진 작약꽃을 바라보니 잠시
우울했던 마음이 촉촉해져 위로받는 기분이네. 이런 작은
위안과 행복이 또 우리를 삶으로 이끄는 거겠지. 위안을
주고받을 줄 아는 우리 여준이. 그래서 남들보다 더 자신을
깎아내는 삶을 살까 봐 걱정이 되기도 해. 누구보다 자신을
위로해 주며 마음이 쉬어갈 수 있도록 살아야 해. 알았지?

오늘도 충분히 수고했을 여준이를
'쓰담쓰담'해주고 싶은, 현미

| 12:34 | ▌ 72% |

오늘은 조카 결혼식이다.
경사진 날이다.
좋은 날이다.



D의 결혼식날, 고모의 메모

From. 여준

## 시누이와 올케의 관계는 좋지 않다는 이야기

오늘은 오랜만에 비가 내리는 날이에요. 다들 유독 이번 비를 아쉬워하는 것 같다고 생각했는데, 알고 보니 주말에 월요일까지 더해서 길게 쉴 수 있는 연휴였더라고요. 직장에 소속되지 않고, 혼자 일하다 보니 공휴일이나 주말을 잘 챙기지 않게 된 거 같아요. 그래도 전 이게 더 좋아요. 주말과 공휴일 개념은 희미해졌지만 제가 일어나고 싶은 시간에 일어나, 사람 없는 평일 낮에 좋은 카페도 잠시 갈 수 있고, 지난 동대문 방문처럼 평일에 어머님과 데이트도 할 수 있고요!

예전에는 공휴일에 쉬지 못하거나, 일과 삶이 분리가 되지 않아 일에 대한 고민을 내내 안고 있으면서 스트레스를 받곤 했어요. 그런데 제가 즐겨 듣는 팟캐스트에서

To. 현미

그러더라고요. 프리랜서로 살면서 출퇴근을 내 마음대로 하고, 평일에 훌쩍 떠날 수 있는 자유를 얻었기에 남들 다 쉴 때 일하는 것에 대해선 억울해하지 않는다고요. 그 이야기를 들으니 마음이 편해졌어요. 어쩌면 저의 스트레스는 제가 으레 그래야 한다는 생각에 의식적으로 만들고 있던 것 같기도 해서요.

그래서 이젠 일이 많아 바쁠 때도 여유 부리며 누릴 날을 생각하면서 기쁠 수 있고, 또 널널한 날에도 바쁠 날을 예상하며 힘을 비축할 수 있어요. 조금씩 현재의 삶에 적응해 나가는 거겠죠?

저는 어머님과 D의 고모를 향한 사랑에 정말 놀랐었어요. 아마 고모님이 하늘나라로 가셨을 때가 제가 결혼하고 얼마 안 되었을 때일 거예요. 고모님이 편찮으시다는 건 오래전부터 알고 있어서 매번 찾아뵈려고 했는데, 고모님도 저희도 호전된 후에 더 좋은 얼굴로 만날 수 있다는 생각에 만남을 미루었죠. 그러다 어느 밤, D가 침대에서 갑자기 울음을 쏟아냈어요. 잠든 줄 알았던 D가 큰 소리로 꺼억꺼억 울기 시작해 너무 놀랐었죠.

From. 여솔

진정이 된 후에 물어보니, 고모님이 저희 결혼식에 참석하지 못해 아쉽다며 D에게 남긴 메모를 S시숙 님이 발견해 보내주셨다고 하더라고요. 그 글을 읽고 D는 고모가 세상을 떠날 수 있다는 사실이 문득 현실로 느껴졌다고 해요. 아마 그 밤이 고모님의 마지막 밤이었을 거예요.

사실 D는 뉴질랜드에서 고모와 함께 살았으니, 그 애정이 남다를 수 있다고 생각했어요. 그리고 고모님이 워낙 좋은 분이었다고 하니, 정말 두 번째 엄마처럼 고모를 생각했겠구나 싶었고요. 그런데 제가 놀랐던 건 어머님과 고모님의 사이예요. 고모님이 어머님에겐 시누이인 거잖아요. 저 역시 시누이와 올케의 관계는 좋지 않다는 이야기만 들어서인지, 어머님이 고모님을 정말 좋아했다는 사실이 신기했어요. 고모님이 얼마나 좋은 분이셨을까 궁금하면서도 어머님도 정말 사랑이 많은 사람이다 싶었어요. 어머님은 정말 세상이 만든 가족 관련 편견을 시원하게 깨트리고 계신 것 같아요! 며느리인 저와도 이렇게 애틋하게 지내고, 시누이와도 끈끈한 사이로 지냈잖아요.

괜히 삐뚤어진 마음이 들 수 있는 관계에서도 어머님이 지닌 다정함이 상대를 무장 해제시키나 봐요. 그 다정함이 어떤 장점보다도 더 강력하고 아름다운 힘이 아닐까요.

전 이번에 처음 D의 친가 가족들을 모두 만나 명절을 보냈잖아요. 언뜻 보면 아주 평범한 명절의 대가족처럼 보일 수도 있지만, 아주 보수적인 윤가네의 명절만 경험했던 저는 정말 신기했어요. 특히 먼저 세상을 떠난 큰아버님들의 아내들, 즉 큰어머님들이 혼자서라도 참여하시는 모습이요. 그저 남편의 조상을 모시러 온다기보다는 가족으로서 함께 명절을 보내러 오시는 것 같아 더 좋아 보였고요. 큰아버님들이 돌아가신 후, 어머님과 아버님이 주축이 되어 큰어머님들 모시고 여행도 가면서 더 자주 함께하시게 됐다고 들었어요. 큰어머님들이 함께 여행 다니는 것을 그렇게 좋아한다는 이야기도!

D는 시간이 흘러 이제 가족의 성비가 여성이 더 많은 쪽으로 바뀌며, 비로소 가족 문화가 자연스레 평등해 지고 있는 것 같다고도 하더라고요. 정말 그래서인지는 모르지만 명절에 전통적인 방식으로 차례를 지내면서도 희희낙락하는 분위기여서 재밌었던 거 같아요. 오랜 기간 서로를 봐와서인지, 어머님과 큰어머님들의 사이에서도 정말 오랜 동료처럼 끈끈함이 느껴졌고요.

From. 여준

저희 엄마도 예전부터 그러셨는지는 모르겠는데, 요즘 보면 큰어머니들과 친하고 편하게 지내시더라고요. 다들 남편을 통해 맺어진 인연일 테고 그렇게 편치 않았을 시댁에서 만난 사이일 텐데 (얼핏 보기엔) 진짜 형제들보다도 더 편안한 관계가 된 것 같아서 참 신기하고 멋져요. 어머님은 처음부터 친하셨나요? 아니면 어떤 계기가 있었나요?

저희 세대만 해도 형제가 많이 없으니, 어머님처럼 형님 동서 사이의 끈끈함은 찾아보기 힘들 거 같아요. 하지만 어머님이 큰아버님들 없이도 큰어머님들과 함께하는 새로운 가족의 형태를 만드신 것처럼, 저희는 또 저희 나름의 새로운 가족 형태를 만들어 가겠죠? 저희 세대가 만들어 갈 가족의 모습은 어떨지 궁금해요. 핏줄로 연결되지 않더라도, 사랑으로 이루어진 가족이 많이 생길 거 같거든요.

아! 지난 교환일기에서 넌지시 물어보고 싶었는데 너무 넌지시였나 봐요. 사실 궁금했거든요, 어머님은 손주를 보고 싶은 마음이 있는가! 어머님, 아버님은 저희가 부담스러워할까 봐 저희에게 자녀 이야기를 전혀 안 꺼내시잖아요! (물론 저희는 그래서 너무 좋은데)

To. 현이

어머님과 아버님이 어떻게 생각하고 계신지 궁금하기도 해요. 아시다시피 저희는 무얼 하든 끌려야 하는 애들이니 너무 배려하며 조심스러워하지 않으셔도 됩니다. 편하게 이야기해 주세요!

요즘은 친정엄마가 애를 봐준다, 시어머니가 봐준다 하는 이야기도 많고 그 때문에 어머니들이 뒤늦게 고생이라는 이야기도 많이 들었어요. 저 같으면 아무리 귀여운 손주라도 '드디어 내 자식 다 키워서 시집·장가 보내놨는데 또 돌봄노동이라니! 싫다!' 할 수도 있을 거 같거든요. 그런 할머니(!)의 삶에 대해서도 고민해 본 적 있으신가요? 궁금해요!

세월이 만든 끈끈함이 부럽고도 신기한, 여준

From. 여준

From. 현미

몽글몽글한 생명체가 우리 모두를
무장 해제시킬 거야

오늘은 나도 오랜만에 빗속을 걸었어. 코엑스에서 친구와 영화를 보기로 해서 가는 길이었거든. 호우경보 예보가 뜨고 유난한 경고성 뉴스들이 흘러나왔지만, 생각보다 그렇게 심한 폭우는 아니어서 운동 겸 걸어보자 했지. 그래도 장마는 장마라 홀딱 젖었지 뭐야. 그렇게 빗속을 걷다 보니 D의 어린 시절 집 근처에 있던 호수공원에서의 추억이 떠오르더라.

비가 오는 밤이면 종종 고여있던 빗물을 맨발로 첨벙첨벙 차면서 아이들과 함께 호수공원을 산책하곤 했거든. 흠뻑 젖은 채로 한껏 낄낄거리면서 말야. 작았던 D는 빗물 웅덩이에 무릎까지 빠지기도 했을 거야. 지금 생각해 보면 가로등 전류가 흐를 수 있어서 굉장히 위험했던 건데,

Dear. 여준

어리고 철없던 엄마가 동심에 그저 천진난만했던 거지.

중곡동에 있던 학교를 그만두면서 네 시아버지 회사 근처인 대림동으로 이사를 갔다가 한창 개발 중이던 신도시 일산으로 정착하게 된 게 D가 네 살 때였어. 아마도 그때가 우리 가족의 시간 중에 가장 전성기이면서, 각자의 나이에서 열정이 제일 넘쳤던 시기일 거야. 우리 가족을 따라 일산으로 터전을 옮긴 내 친구들 가족 세 집까지 있어서 거의 공동체 생활에 가깝기도 했지.

애들이 학교에서 돌아오면 얼른 숙제시킨 뒤에 먹을 거 싸 들고 호수공원에 가면, 애들은 자기들끼리 신나서 뛰어다니고 친구들과 나는 돗자리 펴고 앉아 수다에 시간 가는 줄 몰랐어. 이때는 정말 시간만 나면 산으로 들로 열심히 다니면서 즐겼던 것 같아. 지금보다는 아이들 학원 부담이 덜했던 시절이니까. 어느 집 아이가 상장이라도 받아 오면 축하 핑계로 모여 놀고, 눈 오면 눈 온다고 동네 카페에서 낭만을 찾고 애들은 강아지마냥 눈밭을 뒹굴었지. 신도시 3층짜리 빌라촌에 살다 보니 마당에 차들이 못 들어오는 구조인 데다 동네 곳곳에 공원까지 널려있어서 아이들이 킥보드며 롤러스케이트를 타기에도

From. 현미

그야말로 천국이었고. 자전거 타고 통학하는 아이들도 많았어.

옛날에는 외국영화 보면서 부모가 아이들을 차에 태워 등하교시키는 모습이 참 신기했는데 이제는 우리나라도 다들 그렇게 하고 있는 걸 보면, 그때 그 시절이 얼마나 자유롭고 행복한 시절이었나 싶기도 해.

D는 어릴 때 제 체력을 오버해 놀다 보니 자주 코피가 터지곤 했어. 책임감이 투철했던 D의 누나 Y는 돌쟁이 친구 아들과 놀아주느라 많이 지치기도 했었지. 엄청난 폭설이 쏟아져 마당에 눈이 무릎까지 쌓였던 날, 그 멋진 눈산을 슬겨야 한다며 번개로 회동한 부모들은 카페에서 황홀경을 즐기느라 마냥 신이 났거든. 근데 Y는 그 작은 아가가 눈밭에 빠지면 못 찾을까 봐 데리고 노는 내내 너무 공포스러웠다는 거야. 진짜 못 말리는 모범생이었지. 뭐든 하고 싶어 하고 순한 듯하지만 지지 않으려는 욕심과 끈기가 가득한 딸래미였어.

유치원생 D는 똑똑하고 노는 걸 즐기면서도 자기 세계가 독특한 철학자였지. 종종 사소한 거짓말을 하거나

Dear. 여준

뜬금없는 말을 해서 상상 속 세계와 현실을 혼동하는 거
아닌가 싶어 나를 걱정시키기도 했어. 영화감독이 되고
싶다길래 내가 동네 어린이도서관에서 동화책을 빌려다
읽어주고 틈만 나면 영화를 보여줬는데, 혹시나 그것
때문에 허구의 세상과 현실의 경계를 구분하지 못하는
건가 싶어 어른들에게 조언을 구하기도 했어. D가 했던
엉뚱한 말과 행동을 생각하면 지금도 웃음이 나와.

길에 빗방울이 떨어져서 만들어지는 물웅덩이를 보면서
'쟤들한테도 아이스크림을 주고 싶다'고 하기도 하고,
식탁에 앉아 밥을 먹다가 느닷없이 '창밖에 바다가 왔네'
그러기도 했어. 멀쩡히 소풍을 다녀오고서는 그곳에
바람이 많이 불어 소풍을 안 갔다고 하질 않나, 자꾸 떼를
쓰길래 혼냈더니 갑자기 혼잣말처럼 '나는 죄를 지어서
가시 많은 장미밭을 헤매다 엄마도 잃고 가족도 못 만나고
결혼도 못 할 거야' 하더니 코피를 팍 쏟더라고. 자신이
생각하는 가장 큰 두려움을 표현한 거 같은데, 그렇게
이야기를 하는 걸 보고 그때 얼마나 놀랐나 몰라.

키우는 내내 끝없이 고민을 안겨준 아이였지만 참 다양한
일화가 있었던 재미난 아이였지. 그 어린 것이 왜 장가도
못 갈 거라는 결론을 최고의 공포로 여겼을까. 그때도

From. 현미

그게 궁금하면서 너무 웃겼어. 그러더니 정말 장가를 일찍 가버렸네. 어릴 때부터 결혼이 정말 하고 싶었나 봐. 하하.

일산 생활 10년은 애들에게도 우리 부부에게도 더할 수 없는 축복의 시간이었던 것 같아. 같이 일산 생활을 했던 친구들끼리도 자주 이야기하곤 해. 그 시절의 추억들이 얼마나 복에 넘치는 감사한 시간이었는지 말야.

여준이에게도 언젠가 그런 날들이 시작되겠지. 뭐든 맞닥뜨릴 일들에 대해 계획하고 준비가 되어야 스트레스를 덜 받고 마음으로 받아들여진다는 우리 여준이. 반면 나는 철저한 운명론자일지도 모르겠다. 모든 게 그냥 운명처럼 오는 거라고 믿거든. 준비가 전혀 안 된 상황에서도 어떤 일들은 일어나기도 하고, 준비가 되어있어도 우리 인생을 관장하는 누군가의 손길이 미치지 않으면 아무 일도 일어나지 않기도 하지. 하물며 세상에 존재하지 않았던 생명체가 온전히 내게로 오는 일이 어찌 감히 추측의 대상이 되겠니. 그래서 그건 강요의 멘트를 할 일도, 함께 의논할 주제도 아니라고 생각했어.

인간이 경험할 수 있는 최고의 축복 중 하나인 '아가'의

탄생! 어떻게 맞이할지, 어떻게 키울지도 사실 우리가
판단할 영역이 아닐지도 몰라. 의지의 문제인 듯 보이지만
결국은 '되어지는' 것이라고 생각해. 그 축복의 선물을
보내주신다면 그보다 더한 기쁨과 감사는 없겠지. 더불어
오는 걱정은 사치일 뿐.

몽글몽글한 생명체가 우리 모두를 무장 해제시킬 거야.
옛말에 한 아이를 키우려면 온 마을이 필요하다고
그러잖아. 가족과 사회적 테두리 안에서 신의 보살핌 속에
아가의 시간들이 만들어져 가겠지. 그 황홀한 떨림이 엄청
기대되네!

나이 예순이 되어가도록 몰랐던 삶의 다른 결들을 여준이
덕분에 많이 보고 느끼게 되는 요즘이야. 그런 여준이
세상으로 오는 '아가'는 그 또한 굉장한 행복의 주머니를
갖고 시작하는 행운의 주인공이신 거지. 뚜벅뚜벅
걸어가는 그 길을 아가의 손까지 잡고 함께한다면
여준이의 삶이 더 풍부해질 거라 믿어. 그러니, 걱정 뚝!

장맛비에 쫄딱 젖은, 현미

P.S 시댁 어른들하고는 어떻게 친해지게 되었냐는
　　 질문에 대한 답

: 내가 젊었을 때는 어려서 시댁 관계에 대해 생각이
못 미치는 일도 많았어. 애 키우며 사는 시간에 쫓겨
무신경했을 때도 많았을 텐데 그 예의 없음을 다 느끼셨을
어른들이 묵묵히 참아주고 봐주셨던 거지. 점차 나이
들고 철도 들면서 깨달은 마음들을 어른들이 이쁘게 보고
받아주셨지. 그러면서 점점 진정한 가족으로 물들여진 거
같아. 내가 잘해서가 절대 아님!

Dear. 여준

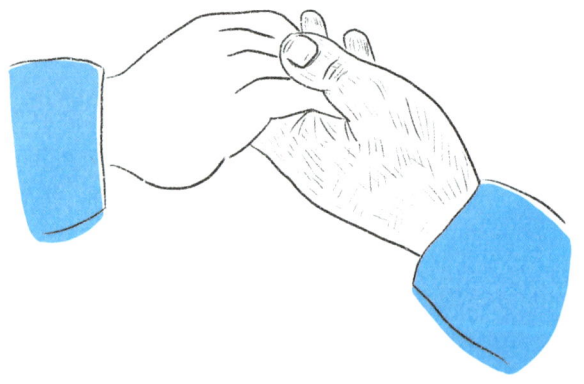

From. 여준

## 이게 정말 어른이 되어가는 신호일까요?

한 사람의 과거를 상상해 보는 일은 참 재밌는 것 같아요.
어머님께 D의 어린 시절 이야기를 많이 들어서인지,
어머님의 글을 읽다 보면 어린 날 D의 모습이 마치 어제 본
영화처럼 머릿속에 그려진답니다.

개구졌을 그 얼굴, 또 무슨 생각에 저리 빠져있는지 모를
골똘한 모습, 그러다가도 한없이 어린아이가 되어있을
그 모습이요. 조금 이상한 이야기일지 모르지만, 전 D의
종아리를 보면 그렇게 초등학생 D가 상상돼요. 하얗고 얇은
종아리가 마치 초등학생 아이를 떠올리게 해서일까요.
가끔 반바지를 입은 D의 뒷모습을 볼 때면 어린 D 같아서
웃음이 나요. 물론 그러다 어린 D와 어머님의 에피소드를
생각하면 정말 이 사람을 이 정도로 키운 건 어머님이었기

To. 현이

때문에 가능했겠구나 하는 결론에 이르게 되고요.

어머님의 일산 생활은 어머님 인생의 한 챕터를 차지할 정도의 강력했던 시기였네요. 어머님의 일산 라이프를 읽다 보니 저희에겐 삼각지 생활이 그와 비슷할 수 있을 거 같아요. 가족의 시간 중 가장 전성기이면서, 각자의 나이에서 가장 신나는 열정이 넘쳤던 때로요.

저는 특히나 어린 시절에도 이사를 안 다녔거든요. 지금 저희 본가에서 10분 거리에 있는 산부인과에서 태어나 내내 그 동네에서만 살았어요. 건물 한 채를 통째로 썼던 산부인과가 점차 규모를 줄이더니 결국 건물 끝층에 겨우 살아남는 과정을 모두 보면서요. 아마도 엄마의 영향이었던 거 같아요. 엄마가 어린 시절에 할아버지 따라 이사를 하도 많이 다녀서 학창시절 친구가 많이 없다고 아쉬워하셨거든요. 매번 전학 가서 적응하고, 새 친구 사귀고 했던 게 어렸던 엄마에겐 쉽지 않았던 거죠.

그래서 저와 동생은 그런 힘든 경험을 하지 않게 하려고 일부러 한곳에서 쭉 거주한 거 같아요. 그러다 보니 설령 이사를 하더라도 같은 아파트 내에서 다른 동으로 하고, 길 건너의 아파트로 하고 그랬어요.

From. 여준

그렇게 한곳에 쭉 살던 제가 결혼한 뒤 처음으로 완전히 새로운 동네에 오게 된 거예요. 바로 지금 살고 있는 삼각지. 그날 기억나셔요? 이 집을 계약하려고 어머님, 저, D 이렇게 셋이 계약센터 앞에 모였던 그날. 여기가 청년주택이라 꼭 청약처럼 당첨되어서 들어온 거잖아요. 사실 저는 이 청년주택에 지원할 때만 해도 삼각지가 어딘지도 몰랐어요. 아마 그때 같이 일하던 동료들이 이런 게 있다고 알려줘서 저도 얼결에 신청했던 거 같아요.

마침 결혼도 앞두고 있었고 찾아보니 D와 제 회사에서도 멀지 않아서 괜찮아 보인다 싶었거든요. 그런데 웬걸, 막상 추가 번호로 당첨이 되어서 당장 내일 계약해야 한다고 하니 막막하더라고요.

'삼각지? 거기다 대체 어딘데? 한 번도 안 가본 동네인데 괜찮을까?'

다음 날 바로 계약해야 한다고 하니 저희 부모님과 제가 전날 밤에 급히 가서 동네를 살펴보고(그날 하필 비가 추적추적 내리던 날이어서 유난히 어두워 보였어요) 그다음

날 어머님과 D, 그리고 제가 계약을 위해 삼각지에서
만나게 되었죠.

아직 다 지어지지 않은 아파트와 비 온 뒤의 어두운
저녁 빛, 어수선한 고가 아래의 분위기가 그날 저희를 더
긴장하게 만든 거 같아요. 추첨으로 층수를 뽑는다길래
그날 행운의 컬러라는 연두색 옷도 입고 갔는데 막상
현장에 가보니 이 동네 괜찮은 건가 싶었죠. 급히 5분만
시간을 달라고 애원해서 작은 골목길에 셋이 모여
진지하게 의논하고 그랬잖아요. 근데 그때 계약 안 했으면
어쩔 뻔했나 아찔해요. 하하. 신혼집으로는 정말 완벽한
곳인 것 같거든요.

저희가 고민할 때 아버님이 해주신 말씀이 참 인상
깊었어요. "내게 다가온 복은 차는 것이 아니다"라는
말이요. 우리에게 이런 복이 다가왔으니 감사하게 그 복을
받아야 하는구나 생각하니 결정할 수 있었죠.

그렇게 시작된 D와 저의 삼각지 라이프. 사실 저희가
삼각지에 터를 잡은 3년 전만 해도 이곳은 그렇게 번화한
곳이 아니었어요. 드문드문 감각적인 가게들이 자리하고

있어 D와 한 곳씩 도장 깨기를 하곤 했죠. 그런데 3년 사이에 너무 많이 변했답니다. 용리단길이라 불리는 번화가가 생기며 수많은 와인바, 카페, 음식점 등이 생겼거든요.

저희 계약한 날 갔던 불고기집도 2년 전엔가 사라졌어요! 저와 D의 첫 삼각지 식사 장소였는데 이젠 볼 수 없어졌죠. 멋진 노포들이 사라지는 것은 속상하지만, 저희에겐 다양한 가게의 시작을 볼 수 있는 즐거움이 생겼어요. 첫 시작점에 함께해서 그런지 꽤 친해진 집들도 많고요.

전 어린 시절에 그런 생각을 했거든요, 드라마나 영화에서 보면 주인공들이 친한 바에 가서 혼술하고, 친한 포차 하나쯤은 있는 게 신기하다고요. 그런데 저와 D에게도 그런 집들이 생기고 있더라고요. 이게 정말 어른이 되어가는 신호일까요?

저희는 아파트 1층 카페와 친하게 지내고, 그 옆에 있는 하이볼 바는 수박을 나눠 먹는 사이예요. 그리고 길 건너에 있던 태국 음식점과 친했는데, 서촌으로 이사하셔서 이젠 그쪽으로 태국 음식을 먹으러 가고요. 주변에 와인바가

많지만 우리는 술알못(!)들이라 가까이에 있는 맥주집과
친해져서 가장 낮은 도수의 맥주를 마시러 그곳에
간답니다. 길 건너 골목에 있는 아이스크림 가게는 또
얼마나 맛있는지. D와 저는 그곳의 아이스크림을 먹은 후에
다른 아이스크림은 성에 안 차게 돼버렸어요! 지금도 집
앞에 새로 생긴 카페에 와서 이 일기를 마무리하고 있는데,
이 카페도 저의 아지트가 될 거 같아요.

아마 저도 어머님의 나이가 되면, 지금의 삼각지 라이프를
다시금 떠올리며 함께 추억을 쌓았던 이곳들을 반추하게
되겠지요? 이곳에서 얼마나 더 살게 될지는 모르겠지만
나중에 다시 떠올려도 삼각지에서의 생활은 즐거운
기억으로 남을 거 같아요. 이야기만 들어도 신나게
그려지는 어머님의 일산 생활처럼요.

어머님께 저희 자녀에 대해 여쭌 건, 시어머니와 며느리의
대화에서 자녀에 대한 이야기는 꼭 한 번 해보아도 좋을
것 같아서였어요. 고부 갈등의 많은 원인이 자녀에 대한
의견 차이라고들 하니까요. 저도 상당한 운명론자인데요.
어쩐지 자녀 계획은 제 인생을 송두리째 바꿀 수도
있다고 생각해서인지 더 계산해 보게 되는 거 같아요.
지금 운영하는 출판사를 고려했을 때는 언제가 적기일까,

From. 여준

우리의 30대를 생각했을 땐 언제가 가장 적합할까, 자꾸만 고민하게 되는 거죠. 하지만 어머님 말씀도 맞아요. 세상에 존재하지 않던 생명체가 제게 오는 건 제가 마음대로 계획한다고 뚝딱 이루어지는 게 아닐 거예요. 그렇기에 강요의 이야기도, 의논을 요하지도 않은 어머님의 배려에 감사할 뿐이에요.

요즘 어머님은 할머님의 건강에 마음을 많이 쓰고 계시지요? 저희 부부도 할머님의 급격한 건강 악화에 걱정을 많이 하고 있어요. 할머님을 생각하며 늙어감에 대해 자주 이야기를 나누게 돼요. 늙어감 앞에서 사람이 얼마나 무력해지는지, 우리가 늙어가는 만큼 부모도 늙어갈 텐데 얼마나 마음이 아플지, 그런 생각을 하게 되더라고요.

사실 저흰 아직 어리지만, 근미래를 생각하면 빨리 나이 들고 싶다는 생각도 들어요. 빨리 40대가 되어 우리 분야에서 어느 정도 자리를 잡은 사람이 되고 싶다!(전 20대 때에도 그렇게 30대가 되고 싶더라고요. 하하) 하지만 예순 살, 일흔 살이 되어 몸이 늙어감을 느낀다고 생각하면 두려움이 앞서요. 저희 부모님이나 어머님, 아버님을 보면 안도가 되지만요. 시간의 흐름 앞에서, 그리고 나이가 들어감 앞에서 사람은 정말 속절없어지는 것 같아요.

얼마 전, 저와 D가 좋아하는 영화감독 아네스 바르다가 한 말을 보았어요.

> "나는 사물의 형태를 감상하는 걸 즐겨요. 나 자신의 형태도 포함해서요. 주름, 힘줄, 혈관들— 그 모든 것이 제겐 아름다워요. 마치 나무를 바라볼 때처럼요. 오래된 나무를 보면 그 세월이 만든 굴곡진 형상이 특별해 이렇게 말하잖아요. "와! 정말 멋진 올리브나무다!" 그렇다면 (우리가 나이 든 손을 볼 때) "정말 멋진 손이야"라고도 말할 수 있지 않을까요? 무슨 말인지 아시겠죠?"

어머님의 손은 정말 근사하고, 또 할머님의 손은 그보다도 더 근사하겠죠. 이 문구를 읽으니 늙어가는 제 모습이 (저도 요즘 얼굴의 베개 자국이 점차 느리게 사라짐을 느낀답니다. 아- 피부 탄력이여!) 좋아질 수 있을 거 같아요. 그리고 어머님을 생각하면서도요. 어머님의 아름다움은 젊음의 아름다움을 뛰어넘는 그 오랜 세월이 쌓인 아름다움이구나. 좋은 마음을 오래도록 지닌 사람의

From. 여준

아름다움이구나. 저도 그렇게 나이가 들어야 할 텐데… 휴, 자신은 없지만 해보겠어요!

요즘 너무 덥네요. 또 세상은 무섭고 두렵고요. 하지만 이렇게 좋은 사람과 만들어 가는 좋은 이야기가 살아가게 하는 것 같아요. 더운 요즘, 너무 지치지 않으시길 바라요!

삼각지의 새로운 아지트에서,<br>
며느리 여준

To. 현미

From. 현미

저리게 아파오는 진동이 가라앉을 때까지
빌고 또 빌었네




엄마가 가신 지 어느덧 49일도 지났네. 은행잎이 노랗게 이뻤던 가을날 세상을 떠나셨는데 어느새 깊은 겨울이 되었어. 집에서의 끼니는 입맛 없어 하시다가도 특별한 장소에서의 식사는 곧잘 하셔서 1~2주에 한 번씩은 일부러 모시고 나갔던 터라, 불과 4개월 전까지 외식도 하시고 카페에서의 시간을 즐기기도 하셨는데….

어느 날부터 갑자기 드시는 입을 봉하시고 그러기를 4일째 되니 의식이 까무룩해져서 어쩔 수 없이 병원행을 결정했어. 어머니를 홀로 외로운 싸움 속에 밀어 넣는 시간이 오고야 말았지. 어머니는 요양병원에서의 삶이 당신 인생 말년에도 오게 될까 봐 두려워하셨는데, 결국 그렇게 해드리고 말았네.

Dear. 여준

그래도 식음을 전폐하고 의식이 가라앉았던 이후로
치매가 더 진행되는 바람에 당신이 병원에 계시다는 걸
정확히 인지하지 못했다는 게 그나마 다행이라고 해야
할까. 병원에서의 시간을 꼭 무대 위의 배우처럼 날마다의
이야기를 만들며 보내셨던 것 같거든. 어느 날은 병원이
도심 속 사무실이 되고, 어느 날은 방송국이 되고 말이야.
그나마 엄마를 병원에 버린 것 같은 죄책감을 조금은 더는
기분이었어. 아마도 못된 자식의 이기심이었겠지. 최근
겨울 날씨 중에도 드물게 추웠던 날, 살이 에일 것 같은
찬바람 속에 49재 기도를 드리면서 이 지독한 냉기가
병원행을 단행한 자식들에 대한 엄마의 노기(怒氣)려나 싶어
죗값이 두렵기도 했어.

49재… 돌아가신 뒤 육신은 사라지고 마음은 여전히
이승을 떠돌고 있다 비로소 온전히 떠나시는 날. 부디
이승에서의 고달픔, 후회, 미련, 인연에서 얻은 상처 다
털어버리시고 가벼이 가벼이 훨훨 날아 편안함 속에
머무시길…. 마음 저 끝까지 저리게 아파오는 진동이
가라앉을 때까지 빌고 또 빌었네.

From. 현미

엄마.

누군가는 생에 가장 아름다운 말이라고 하던데 우리 형제들에게는 결핍의 단어이기도 했어. 자식으로 제대로 사랑을 받아본 경험이 없어 자식한테 주는 사랑이 서툴렀던 나의 엄마. 한량이셨던 나의 할아버지는 젊은 날부터 만주를 떠돌고 덕분에 새끼들 데리고 고단한 시집살이를 홀로 하시던 할머니마저 끝내 병을 얻어 일찍 돌아가셨어.

그렇게 중학교 시절부터 고아처럼 친척 집을 전전하며 사셨다 하더라고. 그래도 명석한 머리로 1등을 놓치지 않으니 주위 친척들한테 부모 없이도 잘해낸다며 칭찬깨나 받았는지, 그 덕에 가진 자신감 하나는 엄마의 복이었던 것 같아. 그러다가 가정 형편상 입주 가정교사를 하게 됐는데, 영어 과목을 가르치러 오신 우리 아버지와 부부의 연을 맺어 가정을 이루시고 우리 형제들이 태어나게 된 거지.

그 시절 대부분의 인생이 그랬듯이 두 분 다 가난한 집 맏이들로, 줄줄이 서로의 동생들을 건사해 가며 자식들 뒷바라지까지 하려니 없는 살림에 숨이 차게 힘든 생활이었을 거야. 그 와중에도 성취 지향적인 엄마의 성격상, 교편을 잡고 있던 직장에서의 삶도 소중하셨을 거고. 늘 바쁜 와중에 자식들이 좋은 성적을 얻도록 뒷받침하는 게 최고의 사랑 표현 방법이었던 것 같아.

다행히도 우리 오빠는 늘 전교 1등을 놓치지 않아 엄마를 으쓱하게 해줬고 늦둥이 내 동생도 여러모로 엄마 자부심에 한몫을 해줬으나, 나는 그저 1등을 몇 번 해본 정도에 불과해서 엄마의 성에 차지 않았을 거야.

기대에 못 미친 딸이었다는 평가를 극복해 보려는 나름의 방법이었으려나… 나는 평생 엄마한테 응석을 부려본 적도, 성질을 부려본 적도, 매달려 안겨본 적도 없이 자식으로서의 권리보다는 의무에 충실한 딸이었던 것 같아. 결혼해서 집을 떠난 뒤에도, 힘들 때나 어려운 일이 생겼을 때도 엄마를 찾는 대신 혼자 삭여냈지. 그런데 엄마를 위해 뭔가를 해드리는 것에는 너무나 충실해서 내 친구들은 엄마한테 왜 그렇게까지 하냐고 놀랄 정도였어.

〈인간극장〉 같은 다큐멘터리 프로그램을 보면서 모성이 철철 넘쳐 자식들을 보듬어 주고 쓸어주며 뭐라도

From. 현미

해주려고 하는 엄마와 자식들 모습에 유난히 꽂혔었거든.
그게 내가 못 가져본, 못 누려본 사랑의 결핍 때문이었다는
걸 한참 뒤에나 깨달았어.

엄마라는 존재의 무조건적인 사랑이 삶에 얼마나 큰
힘이었을까. 그 사랑의 결핍이 얼마나 인생을 쓰리게 한
건지, 우리 엄마가 채워주지 못한 부분들에 힘들어하는
나의 형제들을 보면서 마음이 아팠어. 우리 엄마도 분명히
우리를 사랑하셨겠지. 다만 사랑의 방식이 달랐거나,
표현 방법이 서툴렀을 거야. 내 나이 환갑이 되어보니
자식들에게 이렇게 서운한 존재로 남아버린 우리 엄마의
인생도 너무 짠하고 안쓰러워 눈물이 나더라.

내 친구 중에 엄마 노릇을 힘들어하면서 자신의 서투름에
대해 하소연하던 친구가 있었어. 엄마도 자격 시험을 봐서
합격한 사람만 할 수 있게 해주면 좋겠다 그러더라. 엄마
역할이라는 게 참 중요하고도 쉽지 않으면서 무게감이
너무나 큰 거지.

그런데 나 역시 자식들에게 결핍을 느끼게 한 건 아닌지
염려가 되기도 해. 뭐든 편하게 받아줄 수 있는, 힘들 때

제일 먼저 떠오르는, 언제라도 품에 가서 안길 수 있는,
그런 엄마로 살아온 걸까. 혹시 나는 그러지도 못하면서
우리 엄마한테 원망의 말을 쏟아내고 있는 건 아닐까 싶어.

그래도 어쨌거나 엄마라는 존재의 힘은 막강해서
잠결에도, 아침 눈을 뜬 순간에도, 식당에서 마주친 어른들
모습에서도 불현듯 엄마의 부재가 느껴져 마음에 싸한
바람이 일고 왈칵 눈물이 나네. 병원에서 숨이 끊어지신 뒤
남아있던 온기를 쓰다듬었던 그 살결의 감촉이, 허망하게
재로 변해가던 그 순간이, 계속 고통으로 떠오르기도 해.
마음이 덜 아프기까지는 아마 더 많은 시간이 필요하겠지.

장례 기간 중에 받은 화환 중에 제일 예뻤던 흰색
호접란 화분을 집에 가져와 엄마를 보듯이 바라봤는데,
그 화려했던 꽃잎이 하나둘 툭툭 떨어지고 있어. 근데
이상하게 꽃이 떨어질 때마다 엄마가 짊어진 이승에서의
무거운 짐들이 하나씩 사라지고 있다는 생각이 들어
마음이 나쁘지만은 않더라고. 이제 몇 개 안 남은 저 꽃이
다 스러지면 나의 죗값, 나의 결핍도 상계의 시간이 올 거
같기도 하네.

*From. 현미*

나의 엄마….

이제는 모든 걸 다 알고 다 품어주기만 할 거 같은
나의 엄마.
살아 계실 적 못 해본 딸의 마지막 푸념인 거 아시죠?
부디 다 용서하시고 지켜봐 주시고 맘껏 편안하소서.

                     마음속에서 엄마와 함께 시간을 보낸, 현미

From. 여준

*천천히 할머님과 인사를 하고 있다는 걸 느꼈어요*

어머님이 이렇게 할머님에 대한 글을 적어 보내주시니 어쩐지 다행스러운 마음이 들어요. 가장 힘들 땐 힘들다는 이야기도 못 하곤 하잖아요. 이렇게 할머님의 소천을 글로 적을 수 있다는 건 가장 힘든 시기가 지났음을 말해주는 것이 아닐까 싶기도 해요.

사실 저는 이번 시할머님의 장례식에서도 그랬지만, 저희 할머니가 돌아가셨을 때도 남은 사람들이 가장 큰 걱정이었어요. 그래서 장례식장에서도, 장례식이 모두 끝나고 나서도 할머니의 반려인이었던 할아버지와 자녀인 저희 엄마와 형제들이 가장 걱정되었고요.

장례식장에서는 할아버지가 마치 모든 일의 총책임자가

된 듯 차분하게 조문객을 맞이하시고 여러 절차를
이끌어 가셨지만, 늦은 밤 집으로 가서는 크게 우셨어요.
할아버지가 걱정되어 따라갔던 자녀들은 그 울음소리에
함께 목을 놓아버렸고요. 전 그 장면을 함께하진 않았지만
다음 날 아침 그 이야기를 들었을 때 마음이 쿵 떨어지는
기분이었어요.

다행히 장례식이 하루하루 지날수록 할아버지의 울음은
작아졌어요. 어쩌면 장례식은 죽은 자와 가장 가까운
이들에게 그 죽음을 받아들일 수 있는 시간을 주는 것이
아닐까 싶어요.

전 어쩌다 20대 초반에 많은 죽음을 경험했는데요(아마
제가 이전 글에 간단히 썼던 내용일 텐데 조금 더 자세히
이야기해 볼게요), 가장 따르던 학교 선생님이 수능 직전에
교통사고로 세상을 떠나시고, 같은 시기에 할머니가
돌아가시고, 그리고 대학 입학을 앞둔 겨울에 친구의
부모님이 세상을 떠나셨어요. 그리고 1년 후 고등학교부터
내내 같은 반이었고, 대학교도 같은 학교 같은 과로 함께
진학한 친한 친구가 교통사고로 세상을 떠났어요.

고등학교와 대학교 모두 함께한 유일한 친구이기도 했고 친구 부모님도 잘 아는 사이였어서, 어쩌다 보니 제가 그 장례식의 책임자처럼 함께하게 되었어요. 그런데 사실 그땐 저희가 이전보다 조금 멀어졌을 때였어요. 고등학교 때도 많이 친했고, 대학교 때도 친하게 지냈는데 동아리 활동 등을 활발히 하는 친구와는 다르게 저는 소극적인 학생이었어서 자연스럽게 이전보단 조금 멀어졌던 거 같아요. 그래서 장례식장에서 제가 이 역할을 하는 게 맞나 싶기도 했었고요.

근데 그때 알았어요. 그 장례식장에서 친구와 함께 3일을 보내며 제가 친구와 조금씩 이별을 하고 있다는 걸요. 3일 내내 장례식장에 있으니 마지막 날 밤엔 집에 가서 자라고들 하셔서 집에 갔었거든요. 그런데 집에 가자마자 갑자기 이 시간이 너무 아까운 거예요. '어쩌면 이 친구와 마지막으로 함께하는 시간일지도 모르는데, 그 시간을 놓칠 수가 없다' 싶어서 재빨리 씻고 다시 장례식장으로 향했던 기억이 나요. 그날 다시 장례식장으로 향하는 택시에서 느꼈어요. 이래서 장례식을 3일 하는구나. 더 짧으면 절대 안 되겠구나.

이번에 할머님의 장례를 치르면서도 어머님이 천천히

할머님과 인사를 하고 있다는 걸 느꼈어요. 어머님의
슬픔을 (좋은 의미로) 방해하러 오는 조문객들과 함께
이야기를 나누며, 형제분들과 할머님과의 시간을
이야기하며 추억을 더듬고, 오랫동안 보지 못했던
할머니의 친구, 그리고 친척들과 반갑게 안부를 나누는
어머님의 표정 앞에서 장례식의 순기능을 다시 한번
느꼈답니다. 하지만 장례식을 마치고, 집으로 옮겨진
하얀 호접란을 바라보며 할머님을 닮았다고 이야기하는
어머님을 떠올리니, 이전에 할아버지를 걱정했던 그
마음이 다시 올라왔던 거 같아요. 그래도 어머님이 하나씩
떨어지는 호접란을 바라보며 마음의 위안을 얻고 계신 거
같아 다행이에요(아! 할아버지도 모두의 걱정이 무색하리만큼
장례식이 끝난 후에 다시 씩씩해지셨어요! 생각해 보니 걱정은
주변 사람들만의 노파심이네요).

요즘 저희 집에 도시에선 보기 힘든 작은 몸집의 참매가
올 때가 있어요. 신기하게도 D가 안방에 있으면 안방 창문
난간에 잠시 앉고, D가 작업방에 앉으면 작업방 창문에
잠시 앉아요. 사진이라도 찍을라치면 날아가 버려서 한
번도 제대로 된 사진을 건져본 적이 없는, 멋지게 생긴
참매인데요. 어느 날 D가 그 참매가 할머니인 거 같다고
이야기하더라고요. 조류공포증이 있어 가까이 다가오는

From. 여준

새에 두려움을 먼저 느껴버리는 저도 D의 그 말에 우리 집으로 놀러 오는 참매를 더욱 반기게 되었어요(사실 저희끼리는 참매가 올 때마다 그냥 '멋진 애 왔다!' 했는데, 이번에 교환일기를 쓰며 찾아보니 도시에 사는 참매라는 친구더라고요. 먹이사슬의 정점…에 있대요. 세상에나! 이조차도 카리스마 있는 할머님을 닮으신 것 같기도!).

어머님도 창밖에서 참매를 발견하게 된다면 반가워해 주세요. 저희 집에도 종종 오가는 할머니일 수도 있으니까요. 할머님이 좋은 곳으로 가셨기를, 그리고 어머님의 마음이 평온하시기를 진심으로 바라봅니다.

이쯤에서 자연스럽게 분위기를 바꿔볼게요. 우리의 이야기가 너무 아름다운 이야기로만 채워지는 것 같아 불만을 한번 써봤어요! 아래엔 어머님에 대한 저의 불만 아닌 불만이 나오니 마음 꼭 붙들여 매셔용. 호호.

문득 할머님과 어머님의 관계, 어머님의 형제와 어머님의 관계를 생각하다 어머님은 항상 본인보다 타인이 먼저인 것 같다는 생각이 들어요. 우리가 이 일기를 주고받는 과정에서 많이 나누었던 이야기들이기도 하잖아요. 그런데

To. 현미

제가 요즘 어머님의 그 배려심에 불만이 있답니다! 두둥.
MZ 며느리의 도발일까요!

D와 살며 종종 놀랄 때가 있었거든요. 결혼 전에 어머님과 살던 집에서는 계절이 바뀔 때마다 옷장 정리를 직접 안 했다는 이야기를 들었을 땐 정말 '어머나… 애를 어떻게 데리고 살지' 싶었어요. 네 명 중 세 명이 P인 가족 속에서 유일한 J로, 가족 여행을 갈 때면 모두의 여행 짐을 어머님 혼자 미리 싼다는 이야기를 들었을 때 그 가족의 P 멤버 중 하나를 데리고 사는 J로서 아주 공감이 되면서도, 삐죽이는 마음도 들었답니다. 아니! 가족 여행 가는 거면 짐을 각자 싸야지! 왜 어머님이 다 싸게 해! 하는 J의 불만인 거죠.

저희 집은 부모님 두 분이 모두 맞벌이를 해서 초등학교를 졸업한 후로 옷 정리는 물론 자기 밥은 자기가 알아서 챙겨 먹는 시스템이었으니까요. 저는 원가족에서도 하던 주체적인 가사 노동을 결혼 후에도 이어나갔다면, D는 모든 것이 어머님에 의해 이루어지는 편안한 생활과는 다른 결혼 생활을 시작하게 된 거죠. D는 관성에 따라 안 하는 것들이 있었고, 저는 어머님의 배려로 이루어진 많은 것들이 우리 집에서는 없다!는 것을 알려주느라 바빴어요.

그 과정에서 싸우기도 하고 토라지기도 하고 지치기도
했던 거 같아요. 다행히 P 성향 88%의 D는 저에게 3년간
혼나고 배우며 이제 데리고 살 만한 사람이 되었답니다.
하하. D도 얼마 전, 자발적으로 설거지를 하고 있는 자신을
보면서 '아, 나 사람 됐네'라고 생각했다고 해요. 하지만 전
그 말을 듣고 반은 웃고 반은 웃지 못했답니다. 자랑스럽게
말하는 D가 귀여우면서도 당연한 걸 대단한 듯 말하는 것에
괜히 웃기 싫어지기도 했던 거 같아요.

이렇게 제 기준에는 당연히 알아서 해야 하는 일을
몰랐다는 D를 보며, 어머님의 배려에 불만이 생기기도 했던
것 같아요. 하지만 저는 MZ 며느리, 가만히 있지 않죠. 아마
그때그때 전화해서, 혹은 다음 만남에서 D의 만행(?)을
고자질하며 어머님께 왜 안 고쳐 보냈냐고 찡얼거렸었죠.

그럴 때 어머님은 세상 쿨하게, "이제 네 남편이야~ 난
너 줬다~ 반품은 없어~"라고 하셨죠. 막내아들을 그렇게
빠르게 손절하는 어머님은 처음 봤다니까요. 하하!

근데 그게 어머님의 매력이자 저의 즐거움이에요. 아마
저의 찡얼거림에 어머님이 진지하게 고민하셨다면 저도

그때그때 솔직하게 이야기하지 못했을 거예요. 그렇게 솔직하게 어머님께 이르고, 어머님의 경쾌한 손절을 듣고, 또 이어지는 저에 대한 공감을 들으며 그 상황들을 가볍게 날려 보낼 수 있던 거 같아요. 무엇보다 D는 배우고 바꾸고자 하는 의지와 노력이 있는 사람이라, 제법 빠르게 자신의 방법을 찾고 고치면서 발전한 게 큰 이유죠.

지금 D가 반품되어 어머님 품으로 돌아간다면, 어머님은 데리고 살기 아주 좋을 거예요. 하지만, 반품 불가이니 제가 잘 데리고 살게요!

어머님은 D를 결혼시킬 때 어떠셨을지 궁금해요. 밍기적 대마왕인 D를 보며 '쟤 저러다 여준이에게 쫓겨나면 어쩌나' 걱정을 하셨는지, 아님 '둘이 알아서 맞춰가겠지' 하고 마음을 놓으셨는지 말예요! 그것도 아니면 드라마 속 시어머니들처럼 '우리 집 귀한 아들 손에 물 한 방울이라도 묻히면 안 돼!'라고 생각하셨는지, 궁금해요! 어머님의 소중하고도 철없는 아들을 제게 보내실 때 어떠셨나요? 그때의 걱정과 바람을 들려주시겠어요?

그리고 어머님도 제게 불만이 있다면 이야기해 주세요.

From. 여준

기회는 지금이랍니다. 다음은 없을지도 몰라요! 제가 교환일기에서 나눈 이야기엔 빠지지 않을게요!

그럼, 기다릴게요!

세상에서 가장 쿨한 시어머니께
불만이 있었는데 없는(?) 며느리, 여준

To. 현이

인간 개조의 노력에 대해
깊은 사과를 보낼게




봄의 시작 즈음에 여준이 따라 전시회를 보러 갔을 때만
해도 따뜻한 봄바람 속에 겨울의 황량함이 묻어있었는데
계절은 참 쉬지도 않고 자기 일을 잘도 해 어느새 분홍빛
꽃바람도 지나가고 그 끝에 여름 냄새가 나려고 하네.

지금은 용평의 밤. 창밖 불빛 위로 비가 내리고 있어.
여준이를 비롯해 우리 부부를 아는 모든 사람들이
신기해하는, 우리 부부의 '여차하면 용평행!' 이번 주말에도
어김없이 이곳으로 이끌려, 이제는 우리 집 앞마당 같은
곳에 앉아 비에 젖은 정원의 밤 풍경을 즐기는 중이야.

용평과 나의 첫 인연은 대학을 갓 졸업하고 선생님이 되어
직장생활 1년 차가 되던 시절에 시작됐어. 부담임으로 첫

Dear. 여준

수학여행을 따라나서 이곳에 도착했는데, 겨우 여섯 살
정도밖에 차이 나지 않는 학생들부터 나이 지긋하신 버스
기사분까지 나를 향해 '선생님, 선생님'하며 어찌나 극진히
대접해주던지 몸 둘 바를 모르겠더라. 처음으로 가본 좋은
호텔방에다가 눈앞에 펼쳐진 고급 리조트의 초록 가득한
슬로프 뷰까지 정말 황홀했어. 넉넉지 못한 환경에서
자란 내가 그곳에서 처음 경험한 놀라운 순간들 덕에 '아,
내 인생 마침내 성공했구나!' 하는 짜릿하고 벅찬 감정을
느꼈던 것 같아.

그 뒤 D가 태어나던 해, D의 아빠가 새 공연프로그램을
시작했는데⁂ 그해 여름 야외 녹화 장소로 용평이
선택되면서 우리 가족과 인연을 맺은 지 어느새 30년
세월이야. 열감기로 보채는 아가 D를 안고 달래가며 발
디딘 그 여름날부터 자주 용평을 찾았어. 그 아가들이
어른이 되어가는 우리의 인생 추억이 결결이 고스란히
묻어있어서 더 남다른 의미의 장소가 된 거 같아. 게다가
이곳이 도심의 바쁜 마음을 내려놓고 즐기러 오는
휴양지이다 보니 그 추억들이 행복과 즐거움으로 더
포장되지 않았겠나 싶어. 그래서 우리들한테는 젊었던

---

⁂ D의 아빠, 여준의 시아버지는 방송국 PD로 일했다.

From. 현미

옛 시절과 함께할 수 있는 안식처가 된 듯해. 잡스러운 생각들이 버려진달까. 버리는 게 아니라 비워진다고 해야 하나.

내가 내 나이 아줌마들답지 않게 직접 운전하는 장거리 여행도 자주 다니고 가는 길에 맛집이나 분위기 있는 카페까지 잘 찾아 즐기는 모습을 보면서 D가 그 재주가 아깝다고 여행 블로거를 권했었잖아. 그럴 때마다 내가 아무것도 안 하고 그냥 편안히 놀겠다며 제안을 거절하니까, 나이듦에 주저앉고 안주해 버리는 무력한 노년이 되어갈까 봐 D가 걱정하더라.

그런데 나는 이제 뭔가를 이루려 하면서 생각을 쌓는 게 아니라 생각을 버리는 연습이 필요하거든. 일평생 나의 뉴런은 잘 때조차 쉬지 못하고 자기들끼리 얽히고설키고 꼬였다 풀렸다 잡아먹고 잡아먹히면서 수없이 가지를 치고 끈질긴 번식을 한 것 같아. 바로 그게 나를 숨막히게 했던 게 아닐까 싶어. 어쩌면 못된 이 습성이 나의 수면무호흡증을 유발했을지도!

얼마 전 오랜만에 너희들 공간에 들른 적이 있었잖아.

제대로 정리되지 않은 살림 모습을 들킨 듯이 약간은 민망해하는 둘의 모습을 보면서 의도치 않았던 방문이 미안하기도 했어. 여준이 하소연을 보면 집 안에 쌓여있는 잔재의 많은 부분들이 정리 습관에 문제가 있는 D의 결함 때문일수도 있는데 말야. 하하. 그 문제를 다잡아주지 않은 나에 대한 책망도 바로 인정! 덕분에 안 해도 됐을 인간 개조의 노력에 대해서도 깊은 사과의 마음을 표현하는 바일세.

그러게, 내가 좀 나 혼자 다 해버리고 마는 나쁜 성격이 있었던 것 같긴 해. 어릴 때는 어리니까, 학생 때는 공부에 지치니까, 직장생활 할 때는 애들이나 남편이나 돈 벌어 오느라 고되니까… 집에 있는 내가 다 해치우는 게 위해주는 거라 생각했지. 잘못된 사랑의 방식이었달까. 네 사람 몫을 늘 혼자 다 해버리는 습관 때문에 내 발등 내가 찍었지, 뭐. 늙을수록 몸이 지치니까 후회는 되더라! 자기 일은 자기 스스로 할 수 있게 가르쳤어야 했는데. 그래도 그중 최고의 문제 인물을 여준이가 빼내 데리고 가주니 어찌나 일이 줄던지! 큭큭.

그렇게 내가 일일이 보살펴주던 D가 누구보다 일찍 장가를 가겠다고 나섰으니 엄마 마음이 어땠을까… 물가에 내놓은

From. 현미

어린아이 보는 심정이었다고나 할까. 저 어린 것이 한 일가를 책임지는 가장이 되어보겠다고 선언했을 때는 걱정이 되기도 하고 안쓰럽기도 하고 다 자랐다고 품을 떠나가려 하니 마음이 휑하니 쓰리기도 했지.

그래도 집 떠날 준비를 하나둘 해나가는 둘의 모습을 보니 편안해지더라. 사람 마음을 읽을 줄 아는 세심함과 보듬어 위로할 줄 아는 D의 모든 촉수가 여준이를 향해 있고, 배려의 마음 씀이 남다르고 '나, 착함!'이 온 얼굴에 드러나는 여준이의 모습이 너무 이뻐서 믿음이 가더라고. 나의 신혼생활 모습과는 완전히 다른 둘의 소꿉장난이 대리만족의 재미를 주기도 하면서 신기하고 흐뭇했어.

그래서 자식들 결혼시키면서 종종 겪기도 한다는 빈둥지증후군이 나한테는 없었던 것 같아. 딸 같은 며느리에 대한 환상이 시어머니나 며느리 모두의 입장에서 상당히 위험한 생각이라고들 하는데(며느리들이 제일 부담스러워하는 말이라더라) 나에게 여준이는 내 둥지를 꽉 채워준 새끼를 하나 더 얻은 거 같다고 할까. 이러면 여준이는 더 부담스러우려나? 하하.

너희들 집에 갔던 그때, 작은 방에 어슷하게 맞대놓은
책상으로 차려진 둘의 작업 공간을 자랑 반, 하소연
반으로 보여주며 D는 자기들이 얼마나 열심히 살고
있는지 말해주고 싶어 했지. 근데 내가 보기에는
너희들이 지저분하다며 민망해했던 삶의 흔적들 전부가
너희들이 살아내고 있는 인생 작업의 모습으로 보였어.
어리광이 통했던 어린 것들이 어느새 자신들의 세계를
만들고, 흩어져 있는 저 많은 짐 속에 그것들을 담아내고
쌓아가고… 그 무게가 만들어 낸 너희들의 시간이
대견하기도 하면서 안쓰럽기도 했어. 그날 밤 집에 돌아와
자꾸 그 생각이 나면서 나도 모르게 울컥했지 뭐야.

젊을 때는 여러 가지의 모습으로 생각을 쌓아가는 것 같아.
천방지축 뛰놀던 어릴 때는 생각 없이 코피 나도록 노는
게 다였다가 점점 쌓여가는 생각 속에 철이 들고, 무게감에
짓눌리면서 나이 들어가는 거겠지. 그러다 나처럼
환갑쯤 되면 그 생각들을 조금씩 내려놓고 가벼워지고
싶어지는데, 그마저 다 내려놓고 싶어지면 치매까지
맞이하는 걸까? 앗, 그것까진 참아볼게! 하하.

너희 둘이 서로 의지해 가며 보듬어 주며, 같이 시간을
쌓아가는 만큼 더 견고한 행복으로 채워질 거 같아 보기에

From. 현미

아주 좋다. 아름다워! 그렇게 살아주는 게 고맙기도 하고.
결혼하는 날부터 D에 대한 AS는 없고 반품도 불가하다고는
했지만 잘 고쳐주고 잘 데리고 있어주면 보너스는
있을지도?!

우리 이쁜 내새끼 여준이 힘들지 않게 D가 신랑 역할
잘하고 있나 내가 종종 찔러볼게!

가벼워진 생각만큼 흡족함이 채워진 밤에, 현미

## 죽어서도 시댁과 함께해야 하는 며느리?

이야호! 보너스가 있다니! 이제 데리고 살 만해졌으니 잘 데리고 살아보겠습니다!

저희 집에 오셨던 날 놀라셨군요! 서희가 집 마련한 후 초반에 한 번 와보시고 그 뒤론 안 오셨었잖아요. 한 번은 더 집에 초대해야겠다고 생각하던 참이었는데, 마침 그날 저희 동네로 오시니 집으로 모시면 좋을 거 같다고 생각했어요.

전 저희 집의 모습을 보고 어머님이 '얘네가 정리를 안 하고 지내네' 하며 마음속으로 나무라실 줄 알았는데 저희의 많은 짐을 보고 울컥하셨다니 의외예요!

To. 현이

그런데 어머님… 저희의 복닥복닥한 집의 모습은… 인생 작업의 모습이라기보단… 그저… 시간이 없어 정리가 되지 않은 작업방의 현실이랍니다. 하하! 저희도 짐은 늘어나고 (특히 저의 책이… 집을 가득 채우고 있어요!) 정리할 시간과 에너지가 없다 보니 차일피일 미루었는데요. 이번 주말부터 하나씩 기필코 정리를 하기로 했답니다. 저희의 삶의 흔적들! 찾아보지 못하도록 정리해 버릴 것이에요! 깨끗이 치우면 또 집에 모실게요! 아마 깨끗한 집을 보시면 울컥하던 마음이 개운하게 닦이실 거예요.

저는 얼마 전에 엄마의 공주 본가에 다녀왔어요. 그 근처에 저희 가족 묘지가 있어서 할머니도 뵙고 왔는데요. 싱글인 작은 이모도 같이 갔거든요. 근데 이모가 자기는 여기에서 할아버지, 할머니 그리고 사촌들과 같이 있을 수 있다고, 여기에 작게 자리 마련하는 거 허락받았다고 자랑을 하지 뭐예요! 싱글의 특권이라나, 결혼하면 그럴 수 없다나!

그 얘기 듣고 다들 웃었는데, 문득 우리 엄마가 자신이 사랑하는 원가족이 있는 이 묘지가 아닌 윤가네 묘지로 가게 된다는 사실이 이상하게 느껴졌어요. 이모는 이모의 엄마, 아빠와 함께해 좋겠다고 생각을 하다가 '아니, 우리 엄마는 왜 불편하게 윤가네랑 함께해야 하지? 구씨니까

From. 여준

구씨 집안과 함께해야 하는 것이 아닌가?' 하는 생각을 했답니다. 어머님도 박씨네 자리에 한 자리 예정해 놓고 계시잖아요. 이제는 정말 많이 친해지고 가까워져서 박씨 가족의 일원인 게 자연스럽긴 하지만, 그래도 어머님의 원가족, 그러니까 권씨네와 함께하고 싶진 않으세요?

사실 저는 저를 중심으로 모두 헤쳐 모여! 해서 모두 다 모아서 같이 있고 싶은데 그건 어렵겠지요? 아무래도 양쪽 집이 다 좋은 저 같은 며느리 입장에서는 어디를 어떻게 가는 것이 좋을지 결정이 너무 어려운 거 같아요. 그래도 어쩐지 죽은 후에도 시댁과 함께해야 하는 며느리의 위치가 가혹할 수도 있겠다는 생각에 여쭤보아요. 박씨네 며느리인 어머님은 어떤 생각이신지 궁금해요.

아! 그리고 어머님, 이 글을 노트북에 직접 쓰는 게 아니라 종이에 먼저 쓰시고 종이 위에서 여러 번 고쳐 컴퓨터로 옮긴다는 걸 얼마 전에 알았어요. 어휴, 며느리가 너무 배려를 못 했네요! 손 글씨가 더 편하신 줄도 모르고! 혹시 손 글씨로만 전해주는 게 더 편하시면 꼭 말씀 주세요! 제가 받으러 갈게요!

집 청소를 결심한 윤가네, 여준

From. 현미

*그 사람이 기억할 때까지만*
*존재하는 거라고*

또 한 해가 가고 오는 시간이 되었네. 늘 똑같이 지고 뜨는 해와 달을 보며 순환의 주기를 발견하고 열두 달 365일의 선 긋기를 만들어 낸 건 정말 위대한 발견인 것 같아. 야간의 오차를 맞추기 위해 윤달까지 계산한 것도! 그런 위인들이 있어서 뻔한 일상에 마무리와 시작이라는 마음가짐을 느끼는 재미도 있네. 그런데 나이가 들수록 주기의 반복 속도는 어찌나 빠른지 헉헉 숨이 찰 지경이야.

어느새 너의 시아버지는 일흔 번째 반복에 이르셨잖아. 6과 달리 7로 시작하는 나이는 확실한 노년의 도장을 박는 듯한 기분이 드는 건 왜일까. 나 시집올 때 D의 할아버지, 할머니 연세가 일흔둘, 일흔셋이었는데 그때만 해도 '그 정도 나이면 얼마 못 사시겠네'가 일반적인 말이었거든.

Dear. 여준

다행히 너의 시아버지는 그 빠른 속도에 아직 멀미를 하지 않고 여전히 그 흐름을 즐기며 미래를 그리고 계시니 감사할 따름이야. 성격상 성취 욕구가 별로 없고 안정에 감사할 뿐인 나는 마음의 시선이 나아갈 방향보다는 뒤돌아 되새김질로 꺾이는 것 같은데 말이야. 인생을 4분기로 나눠봤을 때 지금쯤 나는 3분기의 마지막 단계쯤에 와 있으려나.

평탄하지 않던 인생의 1분기, 2분기를 거쳐 3분기에 도달했네. 그 시기들이 힘들었지만 그래도 다행인 건, 나는 어떤 어려움이 닥쳐도 최대한 빨리 상황을 인정하고 마음의 중심을 잡으려고 애쓰는 성격이었다는 거야. 그래서 어떤 흔들림도 잘 견뎌냈고 잘 버려서 여기까지 온 것 같아. 어쩐지 나의 이런 성향이 여준이랑 많이 비슷할 것 같은데, 맞으려나? 여준이는 아직 어리지만, 그래도 스스로 견뎌내기 힘든 경험들도 있었을까? 여준이는 그런 괴로운 순간들을 어떻게 극복해 내는 스타일일까? 궁금하네.

지난 일기에서 여준이가 물었던 사후세계에 대해 생각해 봤는데, 난 삶이 전부라고 생각하는 사람이라서 죽은 뒤에는 그냥 소멸되는 게 최고인 것 같아. 어디에도 흔적을 남기고 싶지 않달까.

From. 현미

여준이는 죽음에 대해 깊이 생각해 본 적이 있어? 사후세계에 대한 철학은? 그러기에는 아직 너무 바쁜 젊은이겠지? <유 퀴즈 온 더 블럭>에 국과수에서 근무하는 여의사가 출연해 얘기하는 걸 본 적이 있어. 직업 특성상 워낙 많은 죽음을 접하다 보니, 느닷없이 오는 수많은 죽음들을 보면서 지금이 마지막일 수도 있다는 생각으로 일상을 산다고 하더라. 문밖이 죽음의 자리일 수도 있다고 생각하며 사는 나와 어찌나 비슷하던지. 집 떠나 나설 때 이 길로 못 돌아올지도 모를 상황을 늘 대비하곤 하거든. 좀 병적인가? 하 하. 죽음을 공포의 대상으로 여긴다기보다는 준비하는 자세라고 할 수 있겠다.

이런 징후의 시작은 아버지의 죽음에서 시작되었어. 그 뒤로 이어진 친구의 갑작스러운 죽음, 시댁 어른들의 예고 없던 발병과 짧은 이별의 반복, 그 과정에서 삶과 죽음의 경계가 얼마나 허술한지를 뼈저리게 느껴버린 거지. 죽은 뒤의 세계에 대한 나의 관념은 주술적 미신과 과학이 뒤엉킨 채로 조화를 이룬 상태랄까. 잠자리에서조차 내 존재 증명을 위해 온갖 꿈으로 바쁜 평소와 달리 아주 깊은 잠을 누리고 눈 뜬 아침, 그렇게 깨어나는 순간이 안 왔다면 영원히 인식하지 못했을 완벽한 무의식의 세계로 사라질 상태… 그것이 죽음 아닐까 생각해.

Dear. 여준

그래서 죽음으로 가는 과정을 지켜보는 남겨진 사람들
마음에는 많은 감정이 담기지만 막상 죽음은 곧 소멸의
평안이라는 생각이 들어. 그런데 때때로 소름 끼치게 맞는
거 같은 점괘나 새해 1일로 넘어가는 자정에 딱 맞춰 고장
나버린 TV에 불길함을 느끼는 것, 급하면 절로 읊게 되는
돌아가신 분들을 향한 기도 같은 것을 생각하면, 죽음이
완전한 무의 세계일 거라는 나의 철학과는 한참 반대되는
모순인 것 같지?

곰곰이 생각해 보면 사후세계에 대한 인식은 실존의
문제가 아닌 기억의 문제이지 않을까 싶어. 기억하는 한
존재하는 거지. '죽은 자를 위한 날'이라는 멕시코 고유
명절을 배경으로 한 디즈니 영화 <코코>에도 나오잖아.
누군가 한 명이라도 죽은 자를 기억하면 그 사람의
사후세계는 존재한다고. 그 사람이 기억할 때까지만
존재하는 거라고.

여준이가 결혼 준비할 때 스튜디오 웨딩 촬영 대신
외할아버지 본가 마을로 내려가 뒷산 외할머니 무덤이
바라보이는 솔밭에서 사진을 찍었잖아. 외할머니도
보셨으면 하는 마음에서. 그렇게 기억해 주고 마음 써주는
기특한 손녀 부부가 있어서 할머니는 죽어서도 존재하고

From. 현미

계신 거지.

박씨 집안 사람으로 살아온 지 37년. 이제는 나의
친가보다 더 많은 시간과 추억을 공유하게 된 시댁 식구들.
감사하게도 다들 너무 따뜻하고 좋으신 분들이라 모든
경험을 기꺼운 마음으로 같이 할 수 있었던 것 같아.
그래서 시집 오기 전부터 마련되어 있던 나의 묫자리에
대해서도 죽어서까지 시가에 섞여야 한다는 것에 대한
여준이 걱정과는 달리 전혀 꺼려지는 마음은 없어. 오히려
준비되어 있는 상황이 감사하고 든든하기도 해. 자식들이
장례 뒤에 묫자리 문제로 우왕좌왕 고민 안 해도 되고.

그런데 젊은 날 그렇게 가신 우리 아버지 산소를 다녀올
때마다 살아서도 외로우셨을 텐데 죽어서까지 저리 쓸쓸히
묻혀계신 걸 보면 마음이 아려. 다행히 시댁 어른들은
양지바르고 너른 들판에 서로 모여있어 그런 마음은
덜하지. 아버지가 살아서 느꼈을 삶의 무게도 버거웠을
텐데 얹혀있는 봉분의 무게까지 견뎌야 하나 하는 생각이
들면, 나는 저 무거운 흙산을 이고 차가운 땅속의 음습함에
짓눌리고 싶질 않네.

Dear. 여준

가만히 있는 것보다 빨빨거리며 나다니는 걸 좋아하고
답답함을 못 견디는 천성을 타고 나서 그럴까. 땅속이나
통에 갇히는 것보다 죽어서도 그냥 바람처럼 물처럼
떠다니며 자취 없이 사라지는 게 멋지지 않나? 싶기도 해.
그러고 싶은 또 다른 이유도 있어. 나도 죽음 이후에 그렇게
사라지고 싶은 것처럼 우리 엄마도 당신이 원하신 대로
그렇게 흔적 없이 보내드렸는데, 자식으로서는 죄책감이
들어 마음에 돌덩이가 앉은 것만 같더라고. 그래서, '엄마,
나도 흔적 남기지 않고 훌훌 사라졌어'라고 하면 그 무거운
마음을 덜 수 있을까 싶기도 하고. 그렇게 엄마랑 바람결
어딘가에서 만날 수 있을까 기대도 되고 말이야. 다만
영원한 소멸을 희망하는 나로 인해 너희들이 마음 아플까
봐 걱정이야. 소원을 들어드린 후련함보다 거처 없는
이별을 아쉬워하면 어쩌나….

나는 우리 엄마랑 그 문제에 대해 터놓고 깊은 얘기를 못
해봐서 그 진심을 여전히 내가 의심하기 때문일 거야.
하지만 여준이 덕분에 이런 기회가 왔고, 내 생각을
가벼이 털어냈으니 이 가벼움이 너희에게도 가닿길
바랄 뿐이야. 정지아 작가의 소설 중에, 빨치산이었던
아버지와 그 오명이 자기 인생의 올가미였다고 여긴
딸의 인생사를 다룬 《아버지의 해방일지》라는 책이 있어.

From. 현미

원망의 대상이었던 아버지 장례를 치르는 중에 찾아오는 문상객들의 입을 통해 그제야 아버지의 인생을 마음으로 받아들이게 된 딸이, 아버지의 유골을 아버지의 시간이 묻어있는 곳곳에 한 줌씩 뿌려드리다가 마지막 한 줌을 자신 위로 덮어쓰면서 비로소 화해에 이르게 되지. 그 마지막 장면에 마음 저 끄트머리까지 찌릿찌릿 저렸어.

죽었지만 진정 다시 살아난 사랑! 나는 그런 아름다운 소멸을 꿈꾼단다.

묵혔던 마음을 훌훌 털어버리고<br>인생의 3분기 끝자락을 지나고 있는, 현미

## 남은 사람은 흔적을 찾아가고 기억하며

저는 지난주에 올해 첫 장례식장을 다녀왔어요. 몇 년 전 같이 일했던 동료이자 친구의 죽음이었는데, 같이 했던 그 일이 남긴 건 결국 우리들, 그러니까 사람뿐이었다고 이야기할 만큼 서로를 좋아했던 사이라서 마음이 안 좋았죠.

그분의 죽음을 알고 나서, 장례식장에 다녀와야겠다고 D에게 이야기하려는데 저도 모르게 "ㅇㅇ님이 결국… 결국… 세상을 떠났어…"라고 말하더라고요. '결국'이라니. 마치 이날이 올 것을 알았던 사람처럼요.

사실 전 알고 있었다기보단, 오래전부터 그날이 올까 봐 두려워했던 거 같아요. 그래서 그날이 오지 않기를 항상 바라고 있었어요. 연락이 올 때마다 마음이 철렁이기도 하고, 예전에 다른 이의 죽음 앞에서 했던 후회를 되풀이하지 않고자 함께하는 순간에 집중하기도 하면서 오늘이 그날은 아님을 확인하며 마음 깊은 곳에선 안도하고 있던 것 같기도 해요.

그렇다고 후회하지 않기 위해 대단히 노력을 했는가 하면 그것도 아니에요. 원래 지인들에게도 먼저 연락하는 법이 별로 없는 저의 이 성격 탓에 연락도 자주 못 했죠. 심지어 얼마 전에 나눈 연락에서도 신년회를 잡자고 얘기했는데 감기 탓을 하며 미루고 있었어요. 그러고 결국 또 후회를 했죠. 진짜 다신 안 하고 싶은 후회였는데.

그래도 이번 장례식장엔 제 인생 처음으로 근조화환도 보내봤어요. 어른들은 잘 모를, 그녀의 닉네임을 적어 평온한 삶을 기리는 저의 작은 배웅 선물로요. 근조화환, 아니 화환이라는 거 자체를 처음 보내봤는데요, 오늘 주문 넣으면 바로 배송이 되는 건지, 배송비가 따로 붙는 건지, 아는 게 참 없더라고요. 그래서 아이러니하게도 친구를 위한 근조화환을 직접 주문하면서는 슬프기보단 '아, 이렇게 어른이 되어가는 건가' 생각도 잠시 했어요.

From. 여준

사실 친구를 보낸 지 아직 일주일도 안 되어서 그런지 아직 실감이 나진 않아요. 전 공감력이 높아 긴장되는 영화도 잘 못 보는데, 왜 그런지 이전부터 가까운 사람들이 세상을 떠날 땐 현실로 잘 못 받아들이는 거 같아요. 장례식장에서도 잘 울지 않고요. 고등학교 때 가까운 선생님이 하늘나라로 갔을 때, 저는 선생님이 항상 얘기했던 '노후에 하와이에 가서 살 거다'라는 말을 믿으며 선생님은 지금 하와이 어딘가에 있다고 생각했어요. 그런 마음인 걸까요? 저는 죽은 사람이 영원히 떠난 게 아니라 지금은 만나지 못하는 어딘가에 있을 거라는 생각을 하나 봐요. 이렇게 현실을 못 받아들이는 게 괜찮은 건지 모르겠어요. 이런 걸 보면 저에게 죽음은 주술적 미신이 더 크게 작용하는 것 같기도 하고요.

어머님의 묫자리에 대한 기꺼운 마음에도 남을 위한 배려가 함께하는 게, 정말 어머님 같아요. 자식들이 묫자리 문제로 고생 안 해도 된다니! 그래도 어머님은 다붓하게 함께 모여 지내는 (이것도 무척 주술적인 해석이네요) 시댁의 산소가 괜찮다고 해서 다행이에요. 함께 옹기종기 지내실 수는 있되, 조금 더 자유로울 수 있는 형태의 묘로 생각해 볼게요. 적어도 30년은 더 지난 뒤의 일이니 그땐 산소가 좀 더 다양해지지 않을까요? 하하.

To. 현이

하지만 자취 없이 사라지고 싶어 하는 어머님의 마음도
십분 이해가 돼요. 저희 엄마도 그러시거든요. 제가 이전에
노인분들을 인터뷰한 적이 있는데, 그때 공통점 중 하나가
여성들은 삶의 흔적을 남기고 싶어 하지 않고, 남성들은
최대한 자신의 흔적을 남기고 싶어 한다는 거였어요.
저는 어쩔 수 없는 어린애라서 자꾸 남은 사람의 입장에서
그 이야기를 듣게 되었는데요. 그러다 보니 어머님이
할머님을 보내고 마음이 힘드셨던 것처럼, 남은 사람은
떠난 사람의 흔적이 없으니 더 힘들 거 같다는 생각이 자꾸
들더라고요. 엄마와 어머님의 흔적이 없다면, 너무 외로울
거 같아요. 남은 사람은 그 흔적을 찾아가고 기억하며
마음을 위로하니까요. 하지만 어머님의 진심을 알게
되었으니, 잘 담아놓고 있을게요!

《아버지의 해방일지》처럼 어머님과 화해해야 할 일은
없지만, 한 줌을 덮어쓰는 것도 나쁘지 않은 것 같고요!
제겐 아마 '죽었지만 다시 살아난 사랑'이라기보단
강렬한 경험을 통해 어머님을 오래 기억하게 되는 효과가
있을지도 모르겠어요!

저는 요즘 이 복잡한 세상 속에서, 다양한 성향을 지닌
사람들의 심리가 궁금해 무라카미 하루키가 옴진리교

From. 여준

지하철 사린가스 테러 사건의 가해자와 피해자를 인터뷰한
책《언더그라운드》를 읽고 있어요. 아직 초반을 읽는
중인데요. 그 책에서도 한 지하철 역무원이 오늘이
마지막일 수도 있다는 생각으로 일상을 산다고
하더라고요. 집을 나서며 아내에게 잘 돌아왔다는 인사를
못 할 수도 있다는 말을 하며 출근하기도 한다고 해서
전 너무 싫었거든요. 저도 모르게 그 아내에게 이입했나
봐요. '아니! 아내는 괜한 두려움과 불안을 가지고 살아야
하잖아!' 하면서요.

그런데 어머님도 비슷한 생각을 하신다니… 놀랐어요.
다시 못 돌아올 수도 있다는 마음을 지니고, 그 상황을
대비하는 것, 힘들지 않으세요? 저는 늘 두려움이
존재한다는 생각만으로도 힘들거든요. 오히려 일상적인
마음이라 큰 영향이 없으려나요? 궁금하기도 하고,
대단하게 느껴지기도 해요. 그래서 언제나 어머님 집이
깨끗했나… 생각도 들고.

전 아직 어려서인지 '제 죽음'에 대해서는 생각을 거의 하지
않고, 준비도 하지 않는 거 같아요. 오히려 주변의 죽음이 제게
더 가까운 두려움이에요. 그러니 대비는 당연히 하지 않는데…
그래서 저희 집은 언제나 깨끗하지 않은 건가… 생각도 들고.

To. 현미

이 마음이 어쩌면 불안을 다루는 방식에 대한 어머님과 저의 비슷하지만 또 다른 차이를 보여주는 거 같아요. 제가 어떻게 괴로운 순간을 극복하는가 생각해 보면 사실 전 잘 극복하지 못하고 많이 무너지는 것 같아요. 마음 같아서는 평정심을 가지고 상황을 잘 이겨내고 싶은데, 전 예민하고 약한 편이라 잠도 못 자고, 울기도 많이 울고, 밥도 잘 안 넘어가 못 먹으며 지내요. 수평을 이루는 데에 완전 젬병이라 이리저리 기우뚱하며 균형을 잃어버리는 거죠.

사실 외부의 요인이 저를 흔들 땐 오히려 차분하게 이성적으로 균형을 유지하는 거 같은데, 제 마음속의 일이 저를 흔들 땐 속절없이 무너지는 거 같달까요. 그래서 주변에선 차분하고 단단하게 보기도 하지만 남들이 보지 않을 때, 혼자 제 마음과 부딪쳤을 때는 와장창 무너지는 편이라 그 부분을 더 숨기기도 하고요.

그래서 저는 마음에 불안을 쌓아두지 않으려고 해요. 불안하거나 괴로운 상황이 최대한 오지 않도록 미연에 방지하고 싶어 하고요. 그래서 영화도 제게 또 다른 불안의 요소로 남게 될까 봐, 무서운 장면도 잘 못 봐요. 요즘은 뉴스도 이미지나 영상은 많이 안 보려고 해요. 불안을 더 증폭시킬, 저의 균형을 더 무너뜨릴 데이터를 더 이상 쌓지 않는 거죠.

From. 여준

어쩌면 일종의 회피일 수도 있겠어요. 어느 순간부터 절 더 괴롭게 하는 것들은 피하게 되었는데 이게 괴로움을 극복하는 저만의 방법인가 싶기도 해요. 그래도 제 옆의 D가 무척 잔잔한 호수 같은 사람이라 제가 가끔 큰 너울을 만날 때도 위로가 되어주는 거 같아요. 잔잔한 호수를 만난 큰 너울은 점차 잔잔해지더라고요.

어머님의 이야기를 들으니, D의 그 모습은 어머님의 '수평을 이루고자 하는 강한 힘'을 닮은 게 아닐까 싶네요. 부러워요. 그 성향!

저는 올해도 계획에 '단단해지고 잔잔해지기'를 적었어요. 매번 실패하는 것 같지만, 올해도 도전해 봅니다! 올해엔 더 단단한 며느리로 함께해 볼게요:)

잔잔한 호수 옆 일렁이는 너울, 여준

To. 현미

From. 현미

> 불안을 다른 불안으로 대체하는 게
> 인생이라 그러잖아

입춘인 오늘 그 이름값이 무색하게 냉동고 한파가 기승을 부리네. 약속이 있어 오랜만에 나온 광화문 거리의 건물 사이 골바람이 얼마나 매섭던지. 중무장한 옷차림 속에서도 드러날 수밖에 없는 맨살 부분을 무자비하게 공격하더라. 살이 에인다는 표현을 피부로 절실히 느꼈구먼.

내가 '시어터theater권'이라는 별명이 붙을 정도로 어릴 때부터 영화나 연극을 즐겼던 터라 (오죽하면 신혼여행에서도 극장에 갔었다는) 이 추위에도 의지를 꺾지 않고 보고 싶은 영화를 찾아 북풍을 뚫고 왔다는 걸 스스로도 기특해할 정도였어. 오늘 고른 영화는 내가 정말 좋아하는 스페인 감독 페드로 알모도바르의 〈룸 넥스트 도어〉!

Dear. 여준

내가 예매해놓은 영화는 희한하게 너희 부부가 늘 먼저
보고 오곤 하던데, 이 영화도 너희의 목록에 들어있으려나?
우리를 아는 사람들마다 시어머니와 며느리가 왜 그리
닮았냐고, 딸인 줄 알았다 늘 말하곤 하는데 어쩜 영화
취향까지 통한 걸까? 영화 감상까지 공유하게 되는 기쁨을
누리니 참말로 내 복이 넘치나 보다.

<룸 넥스트 도어>는 암으로 죽어가던 여자가 더 이상의
치료를 거부하고 우아하게 죽을 권리를 찾고자 하는
내용이야. 암 선고 후에 보통 사람들이 겪는 치료의 고통,
악화, 점령군처럼 오는 죽음… 이런 획일적 과정 대신
최적의 장소에서 최고로 아름다운 날에 나의 마지막을
같이 즐겨주는 친구 곁에서 가장 평화로운 죽음을 선택한
여자의 이야기지.

> *"내가 날 죽이면 암이 날 죽이지 못할 거야. 난 잘 죽을*
> *권리가 있어!"*

> *"마치 전쟁처럼 암과 싸우라고 하는데, 이건 선과*
> *악의 싸움이 아니야. 전쟁처럼 싸워야 하는 게 아니라*
> *받아들여야 하는 거야!"*

From. 현미

종군 기자였던 주인공은 그동안 수많은 전쟁 속의 참혹한 죽음을 보았지만 마지막 순간에는 즐거웠던 삶의 연장처럼 평화로운 죽음을 맞이하지. 그런 죽음으로 나를 완성시킬 수 있다면, 그만큼 성공적인 인생의 마무리가 또 있을까 싶더라. 죽음은 그렇게 비극적이거나 두려운 것이 아님을 강조하듯 보여주는 영화였어. 내내 강렬하고 아름다운 색채로 가득했고 미쟝센까지 정말 멋진 작품이더라. 영화 보면서 우리가 지난번에 나눴던 죽음에 대한 이야기도 떠올랐어.

여준이는 정말 나이에 비해 죽음을 접한 경험이 많은 것 같아. 여준이가 친구의 부고를 듣게 될까 봐 늘 두려움을 느꼈던 것처럼, 영화 속 주인공의 친구도 안락사를 준비하는 친구와의 마지막 시간 동안 '오늘이 그날일까' 닫힌 방문 너머 일어날 죽음을 극한의 두려움으로 견뎌내. 그걸 보면서 과연 우리들은 그런 우정을 지켜갈 수 있을까 생각했어. 남겨진 자들이 지고 가야 하는 무게가 얼마나 무거울까. 그러면서도 죽음을 앞뒀던 엄마나 D의 고모와 마음을 터놓고 나눠보지 못한 시간들이 너무 아쉽고 안타깝더라.

우리는 죽음이 다가오고 있음을 강하게 직감할수록 더

부정하고 싶은 마음에 죽음을 전제로 하는 이야기를 나누는 걸 죄악시할 정도잖아. 그래서 그들의 마음을 깊이 있게 들어주지 못한 거, 평화롭게 준비할 수 있도록 도와주지 못한 게 마음이 아프더라고. 그러니까 나중에 나한테 이런 시간이 온다면, 여준아, 일생을 남 배려하고 걱정하던 내 모습 다 잊어버리고 하고 싶은 말, 생각 다 뱉어내고 편안히 마무리할 수 있게 도와줘야 해, 알았지? 사는 동안은 내 모습대로 변치 않고 잘 살아낼게!

오늘 아침에 여준이가 불안이 마음의 크기를 넘친다며 전화해서 고민을 털어놨잖아. 그 이야기를 듣고 나도 오늘 하루, 내 주특기인 불안으로 출렁거렸네.

여준이는 스스로의 괴로움이나 불안을 견뎌내는 힘이 약해서 오히려 방어벽을 더 열심히 친다고 했지만, 내가 보기엔 불안을 느끼는 상황이나 강도는 나보다 건전하고 단단한 것 같아. 나는 다양한 세상사 속에 늘 거기서 일어날 수 있는 최고치의 불안한 상황을 상상하고 마구 휘둘리다가, 그런 최악의 상황까지만 가지 않으면 된다는 다독임으로 불안의 폭을 줄여가며 마음의 수평을 찾는 것 같고. 반면 여준이는 어떤 상황에서도 흔들리지 않게 스스로 정신을 붙들어 매는 힘이 있는 것 같아.

From. 현미

그러니까 여준이는 불안이 들어오지 못하게 벽을 치는 능력을, 나는 불안이 커질수록 빨리 수평을 유지하려고 하는 능력을 가진 게 아닐까. 어쩌면 여준이가 일상의 안정성을 유지하는 힘이 더 크고 단단한 것인지도 몰라. 그래서 D가 어떤 문제로 힘들어하거나 인간관계 때문에 휘둘릴 때도 여준이가 D의 완벽한 한편이 되어줄 수 있는 것 같고 말이야.

D가 큰일에 대한 결정을 앞두고 엄마인 나에게 의논을 해올 때, 나는 꼰대 같은 불안을 꾹꾹 누른 채 '네 인생이니까 네가 결정하고 너의 행복을 위한 선택을 해야지' 하고 말할 뿐이지. 그런데 여준이는 불안보다는 믿음을 바탕으로 조언을 해주는 것 같더라. 불안을 차단하고 회피할 수 있다는 건 그만큼 마음의 씨실과 날실이 촘촘하게 엮여 중심을 잘 잡고 있다는 뜻 아닐까. D를 잔잔한 호수로 만들어 주는 건 여준이의 그 견고함이 너울을 잡아주기 때문인 것 같아.

바람이 잦아질 수 있도록, 오늘처럼 도움이 필요하면 언제든 신호를 보내렴. 나는 그 바람에 휘청일지언정 빨리 잠재울 수는 있으니까. D의 지론이 있잖아. 최고의 효도는 부모가 영원히 자식 걱정하는 부모로 남게 해주는 거라는

요상한 지론! 하하. 근데 정말 그 말이 맞는 말 같아. 자기의
역할을 잃지 않는 게 덜 늙는 길이더라. 치매도 예방되고?

오늘 저녁 엘리베이터 안에서 어떤 꼬마를 만났어.
기습적으로 잠시 쏟아진 눈에 신난 아이가 그새 엄마랑
나가 눈사람을 만들어 손에 쥐고 있더라고. 눈사람을
어디로 데려가냐 물었더니, 자기 집 냉동고에 넣어줄 거래.
오래 살라고 말야. 아이의 그 마음에 갑자기 오늘 나의 모든
불안이 스멀스멀 힘을 잃더라. 따뜻한 빛이 마음을 녹이는
기분이었어. 그렇게 또 인생은 살 만해지는 거지.

우리 여준이는 그만한 나이 때 어떤 마음의 아이였을까.
어떤 걸 좋아하고 뭘 할 때 제일 행복했을까. 말간 그 눈에
슬픔이 담긴 순간은 언제였을까. 여준이의 어린 시절이
궁금해지는 밤이네.

　　　　　모든 불안을 녹이고 착하고 순한 마음으로 돌아온 현미

From. 현미

Dear. 여준

## 저도 어머님의 잉그리드가 될게요

작년까지만 해도 입춘이 지나면 거짓말처럼 따스해져서 '절기야말로 과학이다! 조상님들 천재다!' 했었는데, 올해는 입춘이 있던 그 주가 가장 추운 날이 되었죠. 이런 이상한 날을 지나며 천재적인 조상님들도 지구가 이렇게 많이 망가질 줄은 몰랐겠구나 생각했어요. 마치 2000년 이후로는 날짜가 입력되지 않는 저의 필름 카메라처럼 선조들도 충분히 멀리 내다본다고 했는데도 그 한계가 있었던 게 아닐까….

그나저나 '시어터 권'이라는 별명이라니… 너무 지적인 별명이잖아요! 게다가 저의 추구미와 비슷한데요? 영화를 좋아해 별명이 '시어터 권'인 여자… 신혼여행지에서도 극장에 가는 여자… 환갑이 지나도 친구와 함께

독립영화관에서 영화를 보는 여자… 아, 너무 멋지다!
이제 누가 어떻게 나이 들고 싶냐고 물으면, 나이가 들어도
친구랑 작은 영화관에서 좋은 영화 보러 다니고 싶다고
답할래요. 그리고 예상하셨다시피 저희도 물론 보았어요,
<룸 넥스트 도어>!

음력 2024년의 마지막 날, 설 연휴를 맞아 떠난 여행에서
OTT로 구매해서 봤어요. 그렇게 한 해의 마지막 날 본
영화는 저의 2024년 최고의 영화로 등극했죠. 정말
좋았어요. 대단한 서사나 스펙터클한 세계관은 없더라도,
어머님 말씀처럼 아름다운 미쟝센과 두 주인공의 대화가
충분히 깊고 진했어요. 사실 저는 보는 내내 마음이
쓰렸는데요. 잉그리드의 상황이 너무 이해되었기
때문이에요.

죽음의 두려움에 대해 책까지 쓴 그가 결국 친구 마사의
죽음을 맞이해야 하는 미션에 응하게 되는 그 혼란스러운
마음이 너무 이해가 되고, 저였어도 결국 잉그리드와 같은
선택을 하게 될 것 같아 내내 잉그리드에 몰입해서 본 거
같아요. 그러면서도 모든 일에 기꺼이 응하고, 또 솔직하고
따뜻하게 상황을 마주하는 잉그리드의 모습을 보면서
저는 그녀와 비슷한 유형의 사람이긴 하지만 잉그리드의

From. 여준

이해심까지 가닿기엔 한참 모자란다고도 생각했죠. 특히 숙소에 거의 도착했는데, 마사가 중요한 걸 놓고 와 다시 집에 돌아가 찾아와야 했을 때! 저였다면 표정 관리도 안 되고 불쑥 짜증도 냈을 거 같은데, 그 상황에서도 자신의 역할에 충실하고 마사에게 감정을 태도로 전하지 않는 잉그리드가 정말 대단하다고 느꼈어요. 그러면서 마사의 마음도 이해가 됐죠. 책을 좋아하고 글 쓰는 일을 하고, 이성적인 판단이 중요한 사람이 자신의 발화를 컨트롤하지 못하게 될 때, 좋아하는 모든 것을 할 수 없어질 때, 더 사는 것이 어떤 의미가 있을까 고민하지 않을 수 없었을 거예요. 또 자신이 바라는 모습으로, 원치 않는 자신의 모습이 스스로를 잡아 삼키기 전에 홀연히 떠나고 싶은 그 마음과 자존심, 자존감도 공감이 되었어요. 그 역시도 너무 큰 용기가 필요할 거라 생각하지만요.

하지만 저는 마사 같은 선택은 못 할 것 같아요. 내가 내 삶의 마지막을 정하는 용기가 없어서라기보단 다른 이가 나로 인해 골치 아프고 난감해지는 상황을 만드는 것에 대한 용기가 없어서요. 너무 저답죠. 이렇게 남에게 빚지는 거 싫어하고, 미안해지는 걸 싫어해서 어떡하나 몰라요.

모든 사람은 결국 죽게 되는데도, 죽음 그리고 죽은 사람에 대해서는 참 입에 올리기가 어려운 것 같아요. 가끔 어머님이 농담으로 "나 죽으면 묘지에 그렇게 써라!" 그런 말씀을 하시잖아요. 그럴 때마다 저와 D가 화들짝 놀라며 그런 말씀하지 말라고 하고요. 농담인 걸 잘 알고 있음에도 그 말을 듣는 순간 마치 말이 씨가 될 것 같아, 평소에는 생각도 안 하던 속담을 매일 새기는 사람처럼 마음이 쿵 하더라고요. 어쩌면 한번쯤은 꼭 대화를 나눠봐야 할 '죽음'이라는 주제에 대해, 그래서 자꾸만 피하게 되는 것 같아요.

하지만 어머님이 이야기해 주셨으니, 저는 꼭 대화를 나눌게요. 어머님과는 온갖 대화를 나누는 만큼 죽음에 대해서도 편하게 이야기해 볼 수 있을 것 같아요. 그리고 제가 어머님의 잉그리드가 될게요. 지나온 삶을 이야기하는 추억여행의 친구도 되고, 죽음이라는 두려움 앞에서 솔직해질 수 있는 대화 상대도 되고, 어머님의 존엄을 위해 무엇이든 기꺼운 마음으로 함께할 수 있는 사람이 될게요. 약속!

그런 의미에서 말하기가 어려운 또 하나의 이야기를 용기 내 해볼까 싶어요. 저와 D가 아이를 갖기로 했다고 말씀드렸었잖아요. 아마 얼굴 보고 하는 대화에서는 언급한 적이 없고 이 일기를 통해서만 이야기했던 것 같아요.

아이를 갖기로 했다는 말은, 그 뒤에 더해지는 감정이 많아지는 것 같아요. 어머님과 아버님, 그리고 저희 엄마, 아빠에게도 기대와 기다림을 심을 것 같고, 그게 저희에게 부담으로 돌아오는 것 같고요. 저는 어릴 때부터 속 깊은 이야기를 엄마, 아빠에게도 안 했었는데 이런 이야기는 유난히 더 어려워요. 묵직한 말일수록 그 고민은 알아서 하고, 결과만 보여주고 싶달까요. 솔직하게 말하자면… 간섭받기 싫은 마음도 없지 않아 있는 것 같고요, 히히.

그래서 임신이 쉽게 되지 않는 동안 어머님께도 따로 이야기를 못 드렸나 봐요. 나이도 어리고 원래 임신이라는 게 쉬운 일이 아니기에 아직 난임이라거나 그 다음 단계를 밟을 정도는 아니지만 자연 임신을 1년 정도 시도하고 있는데 성공하지 못하니 조금 답답하더라고요. 물론 저와 D는 모두 일이 바쁘고 유동적이라 1년 동안 꾸준히 노력했느냐 하면 그건 아니지만요.

임신 준비는 자주 뒷전이 되면서도 항상 마음 한편에

숙제처럼 남아있어 잔잔한 스트레스가 되었어요. 저와 D 모두 모범생 타입이잖아요. 시험 같은 걸 본다면 반드시 합격할 수 있도록 열심히 노력해 성과를 이루는 범생이다 보니, 노력해도 그 성과를 보장할 수 없는 상황이 스트레스가 되더라고요. 범생이면서 생각이 많은 저희는 시도와 실망이 반복되니 어느 순간 자녀에 대한 기대나 다짐보단, 임신이라는 시험을 통과하고자 하는 단기적 목적을 세우기도 해서 '아, 이건 본질이 아닌데' 싶어 혼란스러운 적도 있었고요.

임신은 계주의 시작일 뿐인데 마치 임신이라는 미션을 이루면 결승선을 통과한 기분이 들 것 같았거든요. 이런 마음이 맞을까 고민도 하면서요. 이 고민을 마음속 저편에 품고 있으면서도 어머님, 아버님께 말을 못 하겠더라고요. 저희 엄마, 아빠께는 더욱더 말 못 하겠고요. 우리만 하면 되는 걱정을 괜히 더하는 것도 같고, 이 정도는 굳이 말할 정도의 걱정은 아닌 거 같기도 해서요.

사실 어머님, 아버님은 저희가 자녀 계획이 있음을 1년 전쯤 알게 되셨음에도 그동안 한 번도 묻지 않고 부담을 주지 않으셨지만, 저희 아빠는 올해부터 마구 부담을 주어서(아니, 새해 인사로 새로운 가족을 만들라고 하더라고요? 이게 무슨 일인지) 저의 이런 복잡한 마음을 좀 알았으면 좋겠다고도 생각했어요. '우리도 스트레스니까 조심해서 말해달라고!' 외치고 싶더라니까요. 하지만 그 말이 오히려 걱정을 더할 것 같으니 참았지요.

그래도 어머님껜 이야기할 수 있을 거 같아요. 우리가 죽음에 대해 같이 이야기하기로 한 사이인 만큼, 이런 고민도 함께 나눌 수 있는 사이가 아닐까요? 친구들에게도 이렇게까지 이야기한 적 없는데, 저의 잉그리드인 어머님께 풀어놓아 보아요.

하지만 걱정은 안 하셔도 돼요. 1년을 시도했다고 하지만 자주 일 때문에 미뤄져서 실제로 시도도 많이 못 했고, 이젠 처음만큼 실망과 걱정이 크지도 않답니다!(혹시… 그래도 혹시나… 하여 말씀드리면… 흑염소나 녹용… 같은 것은 절대 싫어요…! 전… 동물을 사랑합니다!).

그나저나 입춘에 만난 어머님의 불안 특효약 너무 사랑스러운데요? 눈사람을 냉동실에 넣는 어린이는 사실 익숙한 모습인데도 여전히 귀엽네요. 저 어렸을 때를 떠올려 보면, 행복하고 슬펐던 순간은 사실 기억이 잘 안 나는데요. 저는 지금보다 조금 더 이기적인 아이였던 것

To. 현미

같아요. 동생과 나이 차이가 많이 나는 만큼 외동으로 오래 자라기도 했고, 미술학원을 하는 엄마 따라서 학원에 가면 또 모두가 귀여워해 주는 '원장 선생님 딸'로 오래 보냈기 때문에 이기적인 면이 있었던 것 같아요.

어릴 때 유치원 끝나면 엄마 미술학원에 가서 언니, 오빠들이 떠들면 엄마에게 조르르 가서 이르곤 했기 때문에 다들 귀여워하면서도 별로 안 좋아했다고 하더라고요. 히히. 그래도 엄마 미술학원에서 활보하며 지내는 시간이 참 좋았어요. 작은 원장실에 들어가 아주 오래된 텔레비전을 볼 때나, 엄마가 학부모와 상담하는 것을 엿들을 때가 모두 기억에 남아요. 지금 보면 참 작지만, 그때는 아주 커 보였던 엄마의 미술학원에서 보낸 유년의 시간이 제겐 즐거운 기억 중 하나였어요.

그렇게 어렸던 제가 어느새 이렇게 자라, 배우자를 만나고 배우자의 엄마인 어머님과 저의 자녀 계획에 대한 이야기를 나누다니, 낯설고도 재미있어요! 지금의 저를 그 어린 시절의 제가 안다면 조금은 덜 이기적이지 않았을까 싶어요. 미래에는 이렇게 마음을 터놓고 이야기할 수 있는 가족이 생기는 큰 복을 받을 예정이니 베풀며 살자! 하면서요. 하하.

From. 여순

일기를 마치기 전에, 노래 한 곡을 추천할게요. <룸 넥스트 도어>를 보고 요즘 자주 듣는 노래인데요. 레이디 가가와 브루노 마스의 <Die with a smile 다이 윗 어 스마일> 이에요.

*If the world was ending, I'd wanna be next with you*
*If the party was over and our time on Earth was through,*
*I'd wanna hold you just for a while and die with a smile*

*만약 세상이 끝났다면, 난 네 옆에 있고 싶을 거야.*
*만약 파티가 끝났고 지구에서의 우리의 시간도 끝났다면*
*난 잠시라도 널 안아주고 싶을 거야 그리고 웃으며 죽음을 맞이할 거야.*

요즘 이 노래를 종종 듣고 있어요. 아마 마사의 마음도 이와 비슷하지 않았을까요. 멜로디가 박력 넘치니 에너지가 필요하시면 한번 들어보셔요. 잠들기 전이라면, 내일 들으시고요!

이기적인 소녀였던 며느리 여준

From. 현미

모성은 마르지 않아야 할 우물 같은 것이더라

좋아하는 사람이라면 기꺼이 그 사람의 잉그리드가 되어줄 우리 여준이. 다른 사람한테 부담 주거나 미안한 소리 하는 걸 내 몸 스러지는 거보다 싫어해 자신이 다 안고 가는 사람. 바라보는 사람을 무장 해제시키는 더없이 순하고 말간 눈을 가졌으면서도 때로는 당차고 곧은 결로 자기 인생의 진정한 주인으로 살아가는 모습이 늘 신통하고 대견스러워.

그런 지금의 여준이 모습으로 자랄 수 있었던 건 이기적인 응석이 통할 수 있게 사랑으로 보듬어 주시고 마음의 빈 곳이 많지 않게 늘 다독여 주신 가족이 옆에 있어서였을 거야. 며칠 전에 보내준 여준이 어린 시절 사진들에 그 이유가 고스란히 담겨있더라.

Dear. 여준

나의 어린 시절은 시대 배경이 다르긴 한데 불쑥불쑥
떠오르는 그 시절의 추억은 그 근본 감정이 밝음은 아닌
듯해. 아주 어릴 때의 몇 컷 안 되는 기억도 사랑이나
따뜻함이 가득한 장면은 하나도 없는 걸 보면 말야.
초등학교 4학년 때부터는 버스로 일곱 정거장 정도의
거리를 혼자 버스 타고 통학했거든(우리 엄마도 참 대단하지
않아? 그 어린 것을, 불안해서 어떻게 혼자 내보냈나 몰라…
대장부 기질이셨던 거지!). 근데 학교 운동장 담벼락 너머로
뒷산이 이어져 있으니까 그 어린 것이 며칠에 한 번씩은 그
산을 넘어 집으로 가곤 했어. 산으로 넘어가면 다섯 정거장
정도를 껑충 지나갔거든. 나머지 두 정거장은 큰길로
걸어갔지.

어른이 된 뒤에 그때를 떠올려 보면 그때 내가 왜 그랬는지
의문이 들곤 했어. 지금도 그렇지만 그때에도 나는 겁이
많았는데 말야. 산길에서는 사람을 만나도 무섭고 안
만나도 무서웠던 것 같아. 때때로 산길을 오르다가 언덕에
앉아 애들이 뛰어놀고 있는 운동장이나 언덕배기 옆
수녀원의 굳게 닫힌 철문을 하염없이 바라보기도 했어.
엄마는 일하느라 바빠서 집에 가도 반겨줄 사람이 없으니
그랬을까. 어린애답지 않은 감정의 내몰림이었던 것 같아.

From. 현미

남들보다 일찍 찾아온 6학년 사춘기 시절에는 내재해 있던 불안정한 감정이 자꾸만 복받쳐 올라왔는지, 슬픔을 주체할 수 없어 혼자서 참 많이 울었어. 우는 모습을 들키기 싫으면서도 나의 의지로는 통제가 잘 안 됐지. 그 우울한 감정이 시적 표현을 끌어냈던 걸까, 백일장 대회에서 유치한 글을 썼는데 상도 받고 그랬지. 하하.

중요한 건 이런 딸내미의 상태를 부모님은 전혀 인지를 못 했다는 거야. 등산을 좋아하셨던 아버지는 주말이면 나를 데리고 서울 안 모든 산을 섭렵하러 다녔거든. 근데 워낙 술을 즐기셨던 터라 하산 길에는 꼭 주막집에 들러 술 한잔하는 게 정규 코스였어. 그러니 늘 비틀거리는 아버지 손을 잡고 가다 같이 휘청거리며 넘어지거나 개울에 발이 빠지기도 했지. 버스로 귀가하는 시간 내내 그 어린 마음이 지옥이 됐어.

내가 그걸 아버지랑 매주 하고 싶었겠니. 근데 안 가겠다고 하면 아버지 마음이 다칠까 봐 매주 그 길을 따라나섰던 거야. 그런데도 무심한 엄마는 취해 돌아오는 남편은 질색하면서도 그 손에 끌려 다녀오는 어린 나의 마음은 들여다본 적이 없으신 거지. 부모에 대한 싫은 표현을 한 번도 입에 올린 적이 없다가 내 나이 쉰이 넘은 어느 날, 엄마한테 처음 그때 마음을 얘기했더니 너무 놀라시더라고. 진짜 좋아서 가는 줄 알았다면서.

착한 딸 콤플렉스가 심해 부모를 객관적인 판단 기준을 갖고 바라본 적이 없다가, 내가 늙은 엄마가 되어서야 비로소 엄마라는 존재의 무조건적인 사랑이 자식에게 얼마나 중요한 건지 알았어. 그러고 나니까 어린 시절의 내가 정말 안쓰럽더라. 그러면서 혹시 내가 겪은 그 결핍이 내 자식에게까지 영향을 줬을까 싶어 아이들에게 미안했어. 나의 부족한 자질을 생각하면 넘치게 잘 자란 아이 D. 그럼에도 엄마 마음에는 D의 예민한 성정이 내 탓인 것만 같기도 해. 어린 나이에 산길을 헤매며 알 수 없는 감정에 휘둘렸던 나의 감성이 D가 가진 저 많은 생각의 방을 만들어 준 거 아닐까 싶어서. D의 그런 면이 스스로를 갉아버릴까 봐 할 수만 있다면 내가 다시 빚어주고 싶을 정도야.

애들 어릴 때 찍어놓은 영상들을 보고 있으면, 엄마 역할을 해내겠다고 늘 마음만 바쁜 모자란 모성이 자꾸 눈에 띄더라. 어휴, 저러지 말걸, 이렇게 말해줄걸, 여유를 갖고 마음을 봐줄걸, 충분히 사랑을 줄걸… 많은 후회와 반성이 떠올랐지. 모성의 정체는 누구도, 어디서도 가르쳐 주질

*From. 현미*

않는데, 지나고 보니 퍼도 퍼도 마르지 않아야 할 우물 같은 것이더라. 요즘처럼 다양한 정보와 지침서들이 그때도 있었다면 조금 더 나은 엄마가 될 수 있었으려나?

엄마 될 준비를 하는 우리 여준이. 여준이는 마음의 여유가 있고 사랑이 많은 사람이라 좋은 엄마가 될 자질이 충분하다고 믿어. 여준이가 만들어 내는 책처럼 아이도 뚝딱 만들어진다면 좋겠지만, 아이가 온다는 것은 성과나 숙제의 차원이 아니니까 너무 초조해하지 않았음 좋겠네.

생과 사의 많은 부분은 사실 신의 영역이 아닐까. 불과 1센티미터의 간격에도, 1~2초 사이의 차이에도 삶과 죽음의 경계가 생기잖아. 폭격의 잔해 속에서도 생명이 탄생해 희망을 주기도 하고 말야. 그런 걸 보면 인간은 신의 뜻을 다 알 수가 없는 것 같아. 그저 기다림과 기도의 자세만이 우리가 할 수 있는 전부가 아닐까 싶어.

온전히 나로 사는 시간, 온전히 서로만 바라보는 시간도 정말 중요하잖아. 다행히 너희 둘은 그런 시간을 충분히 행복해하고 즐길 줄 아는 부부니까, 그런 소중한 시간들이 선물처럼 조금 더 주어진 거라고 생각해 봐. 아이가 등장하는 순간 모든 시계의 방향이 지금과는 180도 다르게 흐를 테니까. 먼저 경험한 사람들이 아무리 얘기해 줘도 내 앞에 펼쳐지지 않고서는 실감하질 못할 거야. 그냥 눈치 보지 말고 여유로운 지금을 즐기렴!

오늘은 오랜만에 아들과의 데이트 시간을 가졌네. 가벼운 듯 진지한 대화도 나눴고. D는 요즘 자신의 가치관과 맞지 않는 인간관계와 일의 성격 때문에 갈등이 많은 듯 보이더라. 우리 때는 한 번 직장에 발 디뎠으면 뼈를 묻어야 한다고 했는데, 지금은 세상이 많이 달라졌지. D에게는 견뎌내고 버텨야 하는 이런 노동의 시간이 그저 버겁고 힘든 모양이야. 그래서 어떤 결정을 내릴 터닝 포인트를 고민하는 중인가 봐. 나름대로 깊이 고민한 다양한 선택지 가운데 어떤 흐름에 몸을 맡기게 될지 모르겠네.

그래도 그 분야에 대한 경험과 지식을 가졌기에 조언을 해줄 아버지도 있고, 가장 든든한 생각의 조력자인 아내 여준이가 있으니, D가 나아갈 길에 큰 힘이 될 거라고 생각해. D의 세계의 중심에 이제 여준이가 있으니 나의 모자란 모성의 바톤 터치는 위대하게(!) 완성된 것 같아! 여준이의 모성은 이제 준비 운동 단계. 길고 긴 여정이니까 지레 지치지 않게 마음을 편안하게 가져! 시작도 하기 전에 조바심으로 힘들어하지 말고.

From. 현미

그나저나 여준이가 들어보라고 한 레이디 가가와
브루노 마스의 <Die with a smile>을 며칠 전에 내 핸드폰
음악 목록에도 저장해놨더라고! 노래를 들어보니 두
가수가 그 절절한 목소리로 "웃으며 죽자" 하는 게 얼마나
멋지던지! 하하.

우리의 통함을 또 신기해하며, 현미

나의 시어머니, 나의 친구,
나의 교환일기 파트너에게

자녀를 다시 빚고 싶다고 하시는 걸 보니, 요즘 가족의 어린 시절이 담긴 홈비디오를 다시 보고 계시군요. 비디오를 보실 때마다 저희에게도 휴대폰으로 찍어 보내주셔서 저도 즐겁게 보고 있어요. 다들 어쩜 그렇게 앳된 모습인지, 그러면서도 어쩜 지금의 모습을 또 은은하게 간직하고 있던지!

특히 (결혼 4년 차이지만 여전히 어색한 호칭인) 사촌 시숙님들의 어린 시절 모습을 보는 건 꼭 비밀스러운 장면을 보는 것 같아 더 재밌더라고요. 어린 시절엔 친척분들이 지금과는 또 다른 발랄함을 지니고 계셨구나 싶어서, 저 혼자 내적 친밀감을 쌓고 있답니다.

To. 현미

물론 눈길이 더 가는 건 D였죠. 그때부터 유별난 아이이긴 했더라고요. 매년 엄마 생일마다 깜짝 이벤트를 하겠다며 카드를 숨겨놓고는 어디에 숨겼는지 까먹어서 엉엉 우는 패턴이라니. 지금 이렇게 비디오로 보니 웃기긴 한데, 키우기엔 여간 힘든 게 아니었겠다 싶었어요.

그리고 제 눈길을 더 길게 머물게 한 건 홈비디오 속 어머님의 모습이에요. 해맑은 아이들과 그 모습을 바라보는 어머님의 흔들리는 눈빛. 지금의 어머님이 더 힘차 보일 만큼 비디오 속 어머님은 꽤 지쳐 보였는데 생각해 보니 그 영상 속 어머님은 지금의 저보다도 어린 나이더라고요. 오히려 할아버지 손에 이끌려 등산을 가던 어린 현미와 더 가까운 나이였던 30여 년 전, 20대 후반의 현미.

저의 20대는 항상 불안정했던 것 같은데, 어머님은 20대에 결혼을 하고 아이를 낳았다고 생각하니 그 시절의 젊은 어머님을 안아주고 싶더라고요. 그리고 지금 어머님이 제게 해주시는 이야기를 전해주고 싶었어요. "마음이 넓고 사랑이 많은 현미, 넌 충분히 잘 해낼 거야"라고요. 마치 드라마처럼, 과거로 돌아갈 수 있다면 제가 젊은 어머님께 꼭 이 이야기를 전할게요.

From. 여준

그리고 그다음으로 궁금했던 건 카메라 뒤의
아버님이었어요. 문득, 어머님은 홈비디오 찍는
아버님에게 불만이 없으셨을까 싶더라고요. 지금
두 아이를 케어하느라 손이 모자란데, 캠코더 들고
영상이나 찍고 있는 남편을 보고 있자면 답답하고 화가
났을 거 같다는 생각이 들더라고요. 물론 지금 저희가
이렇게 홈비디오를 보며 재밌게 이야기할 수 있는 건
그때 아버님이 캠코더를 놓지 않고 영상을 찍어준
덕분이지만….

그럼에도 저 같으면 "지금 당장 카메라 내려놓고, 애들
밥이나 먹여!"라고 외쳤을 거 같아요. 아마 그때의
어머님은 그런 말을 하기가 어려우셨겠지요? 아버님과
나이 차이도 있고 또 사회적인 분위기도 달랐으니까요.
하지만 다행인 건, 지금의 어머님은 아버님께 충분히
불만이나 요청을 이야기하실 수 있다는 거예요. 여전히
나이 차이는 변함없지만, 더 솔직하고 더 당당해진
어머님의 모습을 저희는 볼 수 있으니까요. 시대도
많이 바뀌었지만, 30여 년간 어머님이 보여준 현명함과
다정함에 대한 존중과 존경이 있기에 아버님도 어머님의
목소리에 귀 기울이신다고 생각해요. 어머님이 꾸준히
증명하며 만들어 낸 힘이죠!

To. 현미

그래서 가끔 어머님이 말 한마디로 아버님을 기선
제압하실 때 짜릿하면서도 안도가 돼요. 앞으로 살아갈
날이 아직도 많으니까 그 시간 동안 어머님이 젊은 시절의
현미보다 더 활기차게 살아가실 수 있을 것 같아서요.
어머님의 목소리가 더, 더 커지기를, 저는 어머님 편에서
응원할게요. 편파적이라고 해도 어쩔 수 없어요!

이 일기가 저희의 마지막 교환일기네요. 사실 저는 이렇게
글을 주고받는 3년여 동안, 주변 사람들에게 어머님과
교환일기를 쓰고 있다고 잘 이야기하지 않았어요. 그저
시어머니와 며느리의 사적인 대화로 그칠지, 글을 나누던
중 관계가 어그러져 끝맺지 못하는 글로 마무리될지, 알 수
없었으니까요.

그런데 요즘 이 교환일기를 마무리 지으며, 주변에
이야기하기 시작했어요. 여전히 저희의 이야기가 모든
며느리와 시어머니를 대변한다고 생각하지도 않고, 저희가
대단한 철학과 글솜씨로 일기를 나눈 것도 아니라고
생각해요. 하지만 우리가 이렇게 대화를 나누며 다른
가족들과는 형성되지 않은 단단한 관계성이 생겼다는 걸
알았어요. 부모 자식 사이와도 다르고, 배우자 사이와도
다른, 그렇다고 시어머니와 며느리 사이로만 한정할 수도

From. 여준

없는 권현미와 윤여준만의 특이한 관계성이 생긴 거
같아요. 며느리가 할 말은 아닐 수 있으나, 저는 꼭 친구가
생긴 기분이에요.

요즘 친구나 지인을 만나면, 성인이 되고 친구 사귀기가
어렵다는 이야기를 종종 하거든요. 중고등학생 때처럼
그저 학교만 같이 가면 친구가 되었던 날들과는 달리,
성인이 된 후에는 친구보단 일로 만난 동료들과 더
가까워지고, 또 사회적 가치관 등이 맞는 사람들과 관계를
형성하며 지내는 것 같아요. 물론 동료들, 가치관이 맞는
지인들 모두 좋고 소중하지만, '친구'라는 사이가 지닌 힘이
있잖아요. 서로에 대한 큰 기대도 없는 그런 단순한 사이요.

그런데 어머님과 이렇게 대화를 나누다 보니, 이 정도로
대화를 나누면 성인이 되어서도 '친구'가 될 수 있구나
싶어요. 약점이나 고민도 모두 이야기할 수 있는, 그럼에도
내 옆을 지켜줄 거라는 믿음이 있는 '친구'. 그래서인지
이제 이 교환일기가 끝난다고 생각하니 엄청 아쉬워요.
쓰는 동안엔 이렇게 마음을 의지하고 있는지 몰랐거든요.

지금 이 마지막 일기도 초안을 적어놓고는, 마치 전화를

끊기 싫어서 아무 말 없이 핸드폰을 쥐고 있는 새벽의
연인처럼 한참을 머뭇거리다 오늘에서야 보내요. 이제
이렇게 마음을 주고받는 대화를 어디서 나누어야 하나!
권현미라는 사람과 더 오래 마음을 주고받고 싶은데!

아무래도 책을 시리즈로 만들자고 해야겠어요.
시어머니에게 친구하자고 말하는 며느리의 무리한 제안,
3년 동안 교환일기를 함께해 주셔서 감사해요.

그동안 고마웠어요. 나의 시어머니, 나의 친구, 나의
교환일기 파트너 권현미 씨.

                    앞으로도 편파적으로 현미 씨를 응원할, 여준

> 뻔한 일상을 소중한 의미로
> 붙들 수 있게 해줘서 정말 고마워

홈비디오 속 우리 남편, 애는 안 보고 비디오만 찍은 죄로(?) 여준이에게 옐로카드를 하나 받은 걸까나? 하하. 그때는 대체로 그랬지. 가장인 남편이 집안의 경제를 책임지고, 집에 있는 아내가 자녀를 양육하는 무한 노동의 의무를 당연시하던 시절이었으니까.

여준이 말대로 우리는 또 나이 차가 많은 부부다 보니, 서로 비슷한 나이대와 함께 사는 내 친구 부부들과도 약간은 달랐어. 한번은 부부 모임을 하는데, 다른 집 아버지들은 그래도 애들 한 명씩 끼고 밥도 먹이고 뛰어다니는 애들 잡으러 쫓아다니기도 했거든. 근데 너의 시아버지는 한껏 우아하게 대화만 나누고 나 혼자 두 아이 케어하느라 정신이 없는 거야. 그날 집에 돌아와 그 상황에 대해

투덜거렸더니, 농담 반 진담 반으로 "그 모임 다시 가면 안 되겠네" 그러시더라. 하하.

여행을 가도 애들하고 놀아주는 건 내 몫이었지. 너의 시아버지는 카메라를 들고 우릴 촬영하거나 한쪽에서 그저 지긋이 바라보고 계셨는데, 그러고 있지 말고 애들이랑 좀 놀아주라 그러면 "나는 다음엔 어딜 가서 뭘 해야 우리 가족이 즐거울까 구상 중이야~" 하는 실없는 소리만 하셨지. 앗, 이러다 너의 시아버지가 요즘 젊은 엄마들의 욕받이가 되면 어쩌나 걱정되네. 하하.

그런데 사실 PD였던 직업 특성 덕을 본 것 같기도 해. 비디오 촬영 능력이 있다 보니 그 시절의 시간들을 자주 기록할 수 있었고, 그 기록들이 큰 즐거움을 주곤 했으니까 그걸 찍을 당시에도 무척 자랑스러웠어. 놀아주고 밥 먹여주는 행동력 대신 따뜻하게 안아주고 도닥여 주고 지긋이 바라봐 주는, 정서적으로 인자하고 좋은 아빠였던 것도 흡족했었고. 나는 걱정이 취미인 데다 느긋함이 모자라고 부모의 충분한 사랑 속에 자란 사람이 아니어서, 어쩌면 내 아이들에게 있었을지도 모를 감정의 결핍을 너의 시아버지가 넘치게 채워줬다고 생각해. 그 점이 참 감사한 점이야. 여준이가 자주 이야기하는 D의 따뜻함이나

From. 현미

섬세함은 분명 아버지 덕분일 거야.

내가 단순하고 여린 건가, 너의 시아버지의 그런 능숙한 표현법에 속아 몸 고달팠던 건 잊어버리고 이렇게 감사하다고 그러면서 살아온 걸 보면. 하하. 그러고 보면 D도 뭔가 잘못한 게 있어도 한 번의 말이나 감정 표현으로 사악 잊게 하는 재주가 있잖아?! 그거 완전 유전인가 보다!

사실 여준이가 느낀 것처럼, 그 시절의 나는 커가는 아이들 모습에 행복하기도 했지만 육아로만 채워지는 일상에 마음 한 귀퉁이에는 점점 사라져 가는 나의 자아에 대한 공허함도 있었던 게 사실이야. 대학 졸업 후 평생 꿈꿨던 교사를 하게 되면서 내 인생 최고로 의욕적이고 주체적인 시간들을 살다가, 둘째 D까지 임신하게 되니 두 아이 양육 문제가 눈앞에 덜컥 놓이게 됐지. 결국 교직 생활을 접게 되었고 내 의지와 상관없이 나의 사회적 커리어가 끝나버렸어. 너무나 바빴던 출퇴근 일상이 모두 멈추고, 아침이 와도 아무 데도 갈 곳이 없는 시간들이 시작됐지. 아, 이제 뭘 해야 하나, 하루가 너무 길어 시계의 초침까지 바라봤던 날들이었네.

좋은 엄마라도 되어야지 싶은 마음에 부른 배를 안고 네 살 Y를 데리고 아파트 놀이터에 나가 앉아있었거든. 근데 어느 날 한 동짜리 그 작은 아파트 텅 빈 놀이터에 햇볕이 쨍하게 내리쬐고 있는데 Y가 타고 있는 그네 소리만 삐걱삐걱 들리는 거야. 그 순간 극한의 우울과 공허함이 나를 짓누르면서, 갑자기 알베르 까뮈의 《이방인》속 주인공이 왜 방아쇠를 당겼는지 너무 알 것 같은 마음이 들더라.

한동안 수업하는 꿈도 자주 꿨어. 아, 나 선생님 관둔 거 아니었구나 안도하다가 잠에서 깨면 꿈이었다는 걸 알고 허탈해하곤 했지. 미련이 참 많이 남았던 것 같아. 그래도 엄마라는 힘으로 이겨냈고 아이들 키우느라 정신없이 몰아치며 잘 살아냈다 싶어. 지난번 일기에 여준이가 "현미, 넌 충분히 잘 해낼 거야"라고 전해주겠다는 말에, 우리 엄마도 한 번 해준 적 없는 도닥임에 울컥하더라고.

내가 선택하는 게 곧 내 인생이라고, 내 선택은 가족이었고 그런 시간들이 차곡차곡 쌓여 감사한 오늘이 온 거겠지. 직업을 놓아버린 선택에 대한 미련은 나의 몫인 거고.

늙음과 함께 찾아온 똑같은 일상의 반복에 무료할 때쯤,

From. 현미

우리 여준이의 제안으로 갖게 된 소통의 시간. 어느새 3년이 되었네. 성격상 내가 주인공이 되거나 내게 관심이 모아지는 걸 못 견디는 편이라 그간엔 내 얘길 누구와 깊게 나눠본 적이 없었던 것 같아. 내 감정을 그리 자세히 들여다보는 시간을 가져볼 생각도 못 했고. 자식들과 시시콜콜 그런 얘길 하기엔 부모는 또 그리 궁금한 존재가 아니잖아. 하지만 이 교환일기 덕분에 나를 많이 돌아본 거 같아.

나의 인생이 정리된 것 같은 기분도 드네. 쏟아내는 내 마음을 다 받아내고 다독여 주기까지 하는 여준이와의 소통은 내 인생의 치료제가 된 듯해. 여준이에게 느껴지는 시림을 대하는 따뜻한 시선, 세상을 바라보는 긍정의 마음…. 여준이 덕에 인생을 살아내는 현명한 포용력은 나이와 상관없다는 걸 깊이 깨닫게 됐어. 나이와 관습의 틀과 상관없이 정이 오고 가고 뜻이 맞는 사람과 사람의 관계… 그게 친구 아닐까. 인생에 그런 친구를 얻는다는 건 너무나 큰 선물이지.

그렇게 생각하니 교환일기를 주고받은 시간들이 참 선물 같았다는 생각이 드네. 그렇고 그런, 뻔한 일상을 소중한 의미로 붙들 수 있게 해줘서 정말 고마워!

힘든 일이 있어서 하소연하고 싶을 때, 기대면 기꺼이
받아줄 수 있을 것 같을 때, 이유 없이 불쑥 대화가 고플 때,
그럴 때를 대비해 우리의 메일은 언제든 열어두자고!
항상 아이디어가 샘솟는 여준이라는 친구와 함께할 나의
미래가 정말 기대돼!

앞으로도 'You've got mail'의 기쁨을 놓칠 순 없지!

교환일기 덕분에 사는 재미가 더 생긴, 현미

From. 현미

에필로그: 여준
하고 싶은 것이 많아진 요즘,
다시 하고 싶은 것이 없어진다면

이 교환일기를 시작한 3년 전 가을, 나는 하고 싶은 것보다 하고 싶지 않은 것이 많은 사람이었다. 주변에서 취미생활을 하나씩 늘려가는 지인들을 보며, '난 왜 하고 싶은 게 없지?'라고 생각하며 부러워했다. 그러다 어느 날엔 조금은 건방진 마음으로 내 일상이 취미가 필요하지 않을 정도로 재미있는 건 아닐까 자만했던 것도 같다.

그리고 그로부터 3년이 지난 요즘, 나는 하고 싶은 것들에 순번을 매기며 지내는 '하고 싶은 게 너무 많은 사람'이 되었다. 지난주엔 파주까지 가서 판화를 배웠고, 그 전주에는 치앙마이 바느질을 배웠고, 도자기 공방도 주기적으로 다니고 있으며, 주말마다 드럼도 치고 있다. 이 교환일기를 쓰는 3년 사이 돈을 버는 족족 배움과 취미에

쓰는, 그런 부러웠던 삶이 드디어 내게도 왔다. 그런데 언제, 대체 무슨 바람이 불어서 이렇게 호기심과 학구열이 불타는 사람이 되었나. 경제적인 여유나 시간적 여유가 더 생긴 건 물론 아니고, 예전에 생각했던 것처럼 새로운 취미가 절실할 만큼 내 일상이 재미없어진 것도 아니었다. 그런데 왜…?

새로운 취미생활을 설레며 신청하는 나를 기특해하다가 비로소 내가 안정적인 사람이 되었다는 걸 알았다. 내가 기억하는 나의 온 삶을 통틀어 처음으로 말이다. 성인이 되기 전엔 공부하느라 조급함이 가득했고, 성인이 된 후엔 내내 불안이 가득했다. 머릿속에 모든 경우의 수가 그려져야 편안함을 느끼는 내게 성인이 된 이후의 삶은 그리 편안한 상태가 아니었다. 다시 20대로 돌아가겠냐는 말에 그러고 싶지 않다는 30대 언니들의 말을 나는 내가 20대였을 때부터 공감했다. 그리고 언니들이 좋다고 말하던 그 30대 중반이 되니 정말 안정적인 기분을 느끼게 된 것이다. 역시 언니들 말에 틀린 말은 없다.

그러니까 이 일기를 쓰기 시작한 3년 전, 갓 30대의 시절에도 알고 보니 불안정했던 것이다. 장기 연애로 결혼 전부터 D의 가족과 여행을 다니고 자주 얼굴을 보며 살았기에 현미 씨와의 사이가 충분히 편안한 사이라고 생각했는데, 진짜 안정적인 관계가 되기엔 부족했던 거다. 애인의 엄마라는 '남'이었다가, 가족관계증명서에도 나란히 이름이 쓰이는 가족이 된 현미 씨와의 변화된 사이도 사실 온전히 편안하지는 않았던 것 같다. 그래서 다시 초반의 교환일기를 읽어보니 아닌 척하지만 꽤 어려워하고 조심스러워하는 내가 보인다. 현미 씨의 일기에서도 며느리의 제안에 저항할 새 없이 수락은 했지만, 이 교환일기라는 소통에 적응해 가는 현미 씨의 모습이 보인다.

현미 씨에게 보내는 마지막 일기에도 썼듯이, 처음 이 교환일기를 시작했을 때는, 아니 2년이 지날 때까지도 이 일기가 어떻게 마무리될지 몰랐다. 그저 시어머니와 며느리의 사담으로 남을 수도 있다고 생각했고, 언제 어떻게 우리의 사이가 어그러져 이 일기가 멈출지 모른다는 노파심도 있었다. 그래서 주변에 알리지 않고 조용히 주고받았다.

지금 와서 생각하니 그 마음속엔 편한 사이라고 떵떵거리며 말해놓곤, 눈치를 살피는 마음으로 현미 씨에게 일기를 쓰고 있는 내 모습에 대한 떳떳하지 못한 우려도 있던 것 같다. 그러다 진짜 일기를 편하게 쓰는 나의 모습을 내가 느끼며, 무엇보다 내가 어색하든 아니든, 자신의 이야기를 솔직하게 털어놓는 현미 씨의 일기를 보며 우리만의 일기를 세상에 내놓을 수 있겠다는 생각이 들었다. 이제야 진짜 내 이야기를 털어놓는, 상대의 반응을 미리 살피며 지레 조심하지 않는, 무슨 말을 해도 될 것 같은 우리의 모습이 일기에서 느껴졌기 때문이다(에필로그를 통해 고백한다. 초반의 며느리 여준의 일기는 현미 씨의 눈치를 보느라 진짜 솔직하진 못했다. 하지만 그 역시도 그 시절을 담고 있다고 생각해 과도하게 고치지 않았다. 초보 며느리의 갸륵한 마음을 생각하며 봐주길 부탁한다).

이제 진짜 현미 씨와 별별 얘기 다 하는 편한 사이가 되었고, 물론 그러면서 서로의 단점도 더 알게 되었을 테지만 그게 별 상관없는 관계가 되었다. 지금 다시 교환일기를 시작하면 처음부터 더 매운맛으로 시작해 재밌는 일기를 내놓을 수 있을 것도 같다. 하지만 이제 막 시어머니와 며느리로 묶인 두 여성이 이야기를 주고받은 이 글들의 풋풋한 내음은 없을 것이다.

그래서 이 이야기들이 귀하다. 그리고 이 이야기들이 멀리 퍼져나가길 바란다. 세상이 불편한 관계라고 말하는,

괜히 가까이 지내지 말라고 다그치는, 말이 안 통할 거라고 고개를 내젓는 편견을 부수고 싶은 이들에게 힘이 되길 바란다. 긁어 부스럼을 미리 두려워하고 싶지 않은 이들에게도 소박한 응원이 되길 바란다.

물론 우리의 이야기가 아직 보편적이지 않을 것이라는 한계도 안다. 이 책을 쓰는 동안 그리고 이 책을 마무리 짓는 지금까지도 이 점을 가장 많이 고민했다. 그리고 그 부분이 내게 부족한 점이라 생각한다. 아마 현미 씨가 내게 상처를 줄 사람이었다면 나는 이 교환일기를 시작도 하지 않았을 것이다. 나는 내게 조금이라도 상처 주는 사람은 가까이하지도 않는 굉장한 겁쟁이이기에, 이 교환일기 프로젝트는 온전히 할 만했기에 진행된 일이다. 그래서 누군가 그렇게 어려운 사이도 아니면서, 꼭 대단히 힘든 걸 이겨낸 것처럼 군다고 비판한다면 정말 할 말이 없다.

그럼에도 이 일기를 내놓는 이유는 현미 씨와 나의 이야기가 오로지 시어머니와 며느리의 교환일기로만 점철되지 않으리라 생각하기 때문이다. 서로 다른 세대가 주고받는 이야기가 점점 더 많아져야 한다고 느낀다. 60년대생과 90년대생 여성이 주고받는 삶과 죽음, 과거와 미래, 영화와 문학, 그리고 가족에 대한 이야기는 그런 의미에서 또 다른 의의를 지닌다. 미래의 삶을 그리는 게 일상인 30대 여성과 과거의 삶을 자주 들여다보는 60대 여성의 대화. 그렇게 서로를 통해 과거-현재-미래를 떠올려 보는 두 여성의 이야기는 단순히 서로의 세대를 이해해 보는 것을 넘어, 지나온 삶과 나아갈 삶을 모두 가치 있게 만들어 준다. 우리의 이야기에 그 힘이 있다고 믿으며 비판점이 있다는 것을 알면서도 이 책을 내놓는다. 이 마음이 옳았으면 좋겠다.

3년간 교환일기를 쓰며 하고 싶은 것들이 넘쳐나는 사람이 되었지만, 살다 보면 또 하고 싶지 않은 것들만 가득한 사람이 될지도 모른다. 그때 또 이렇게 현미 씨와 일기를 주고받고 싶다. 그러다 보면 다시 안정감을 느끼는 날이 오지 않을까. 현미 씨도 무료함에 지칠 때, 설레는 마음이 멀어졌다고 느껴질 때 우리의 일기를 언제든 재개해 주면 좋겠다.

현미 씨에게 내가 큰 고민 없이 마음을 전할 수 있는, 쉬운 사람이 되면 좋겠다. 그렇게 우리 일기가 마치 사장님 마음대로 운영하는 맛집처럼, 언제 열릴지 모르지만 언제나 기다리는 마음으로 이어지길 바란다. 부디 이 일기가 마지막이 아니길 바라며-!

## 에필로그: 현미
## 나의 모든 시간에 새로이 의미를
## 더해준 고마운 친구

눈 깜짝할 새, 여기까지 왔다.

노년기 전환 포인트의 상징인 환갑이 지났고, 나이 차가
좀 있는 남편은 얼마 전 자식들한테 칠순 상을 받았다.
시아버지, 시어머니 아래 직계 52명 대가족의 7형제 중
여섯 번째인 남편 덕에 내게 할머니 소리를 하는 손주가
열다섯 명이다.

이제는 정말 빼도 박도 못하는 노년의 삶이다.
시아버님께서는 늘 "언제 이렇게 다 살았나 싶다. 인생이
쏜살같이 지나갔다. 살 날 많은 니들은 좋겠다" 하고
말씀하셨다. 곁에서 말씀 잘 들어드리는 것만 보면
효자였던 남편은 "아버지 인생도 한 번, 제 인생도 한 번.

다 똑같이 공평하잖아요, 아버지~" 하며 실없는 대꾸를 하곤 했다. 얼마 남지 않은 시간에 대한 허전함과 아쉬움의 크기는 너무나 달랐을 텐데 말이다. 아직 젊었던 우리는 아버님의 절실한 마음에 참 무심했다. 살아내지 않고는 모르는 것인데.

한 해, 한 해 묶은 나이의 매듭이 길어져 어느새 아래쪽으로 더 길게 향한다. 그 매듭을 예쁘게, 부드럽게 묶어보려고 했는데, 매듭은 마냥 굵어지기만 한다. 알게 모르게 곳곳에 견고한 늙음이 드러나고, 점점 더 자기중심적인 판단 기준이 강해지면서 자꾸만 생각이 그 안에 갇히곤 한다. 그렇게 굳어져 가던 일상 속에 여준이라는 새로운 존재가 나의 세계에 등장했다. 시어머니에게 손잡고 대화하고 싶다고 달려드는 그런 며느리가.

나이와 관습의 틀 속에 사는 우리는 대체로 자신보다 어른인 사람과 하는 대화의 형태가 '지시, 명령하달, 예의 강요, 복종' 같은 딱딱하고 불편한 모습일 때가 많다. 그래서 될 수 있으면 부딪히는 시간은 짧아야 좋고 되도록 덜 부딪히는 게 좋다고 생각한다. 〈아는 게 별로 없지만 가족입니다〉라는 드라마 제목처럼, 가족 안에서도 내면의 깊은 마음은 드러내지 않는 게 당연시되기도 한다. 나는 착한 며느리인 척했지만, 대하기 어렵다는 이유로 시부모님의 인생 역사에 대해 궁금해한 적이 없다. 마흔일곱에 돌아가신 나의 아버지의 고난과 외로움을 느끼기에는 내가 너무 어렸다. 어머니는 치매가 와서 돌봐드려야 하는 시간이 왔을 때, 그분의 기억을 조금이라도 잡아보고자 의도적으로 대화를 시도하면서 한 여자로서의 어머니 일생을 마음으로 들었다.

젊은 사람이 나이 든 사람에 대해 관심을 갖고 궁금해하는 건 쉬운 일이 아니다. 하물며 결혼한 지 얼마 안 된 어린 며느리가 시어머니인 나에게 손을 내밀었다는 건 존경스러울 정도였다. 나이를 불문하고 사람을 편안하게 대하는 여준이의 마음은 정말 놀라웠다. 덕분에 여준이 손길이 불쏘시개가 되어 활활 타오르는 특별한 3년을 보냈다.

새로운 의미 부여에 시들하고 의지를 곧추세우고자 하는 목표가 없이 늙어가던 나의 일상에 새로움이 더해졌다. 살아내느라 바빠 챙겨본 적 없던 여리고 순수했던 나의 과거가 되살아났고, 늘 우선순위에 밀려 방치되어 있던 내 마음도 다시 들여다보게 됐다. 그러면서 때로는 의미 없고 하찮다고 여겨졌던 나의 시간들이 차곡차곡 쌓이고 거름이

되어 오늘이 있음을 깨달았고 나를 둘러싼 모든 현재가
감사했다.

능력치 모자라는 사람의 글이 세상에 나온다는 사실은
한없이 부끄럽고 창피하다. 그럼에도 불구하고 이렇게
용기를 내는 건 생각이 갇히고 굳어지고 싶지 않은 나이 든
사람의 마지막 무모함이라 생각해 주면 좋겠다.

어떤 가식이나 포장도 없는 우리들의 소소한 얘기가
사람과 사람의 관계 속에 긍정의 힘으로 가닿기를 바란다.
시어머니와 이런 장을 기꺼이 마련해 주고 모든 노력을
행복한 마음으로 완성해 준 나의 며느리, 나의 아바타, 나의
기한 친구 여준이에게 마음을 가득 담아 감사를 보낸다.

교환일기, 그 이후의 이야기
가족들은 어땠어요?

교환일기가 막바지에 다다르자 궁금해졌다. 현미의 아들, 여준의 남편이자 책 속 D인 도영은 자신과 가장 가까운 두 여성이 교환일기를 주고받는 3년 동안 어떠했을지, 여준의 엄마이자 현미의 사돈인 미경은 자신이 아닌 시어머니와 교환일기 쓰는 딸을 어떻게 생각하는지. 그래서 편집 회의에 두 사람을 게스트로 초대했다. 그렇게 여준을 중심으로 시어머니 현미, 친정어머니 미경, 남편 도영이 한자리에 모였다.

여준: 오늘 어머님 뭔가 작가의 느낌이 물씬 나는데요?

현미: 그렇지? 오늘 작가 콘셉트로 한번 입어봤어.
　　　나 굉장히 노력하고 있어. 보이지?

미경: 그러게요. 이제 권 작가님으로 불러드려야 할 거 같아요.

현미: 정말 며느리 때문에 별걸 다 해요.

미경: 그래도 정말 좋은 거 같아요. 전 꿈도 못 꿔본 책이에요. 읽어봤는데 너무 재밌어서 2탄, 3탄 나오길 바라게 되더라고요.

현미: 어머, 벌써 읽어보셨구나. 어떠셨어요?

미경: 읽고 가장 먼저 든 생각은 '부럽다'. 이렇게 교환일기를 주고받을 수 있는 두 사람이 부럽더라고요. 두 저자를 모두 알아서 그런지 공감되는 부분도 있고, 또 새롭게 알게 되는 부분도 있었어요. 특히 사돈의 이야기는 전혀 몰랐으니까 흥미롭더라고요. 어린 시절의 이야기나 애들 결혼하기 전의 이야기는 더더욱 알 수 없는 이야기였으니 재미있기도 했고요. 저도 이번 기회에 제 삶을 돌아보게 되었는데, 전 어린 시절부터 지금까지 큰 시련 없이 그저 편하게만 살아왔나

싶더라고요. 그래서 덜 어른스러워지고 성숙해지지
못했을 수도 있겠구나 하는 생각도 들었어요. 하하.
그리고 여준이의 글을 읽으면서는 딸의 어떤 부분에
대해서는 모르는 게 많다는 걸 느꼈죠. 30년을 같이
살았는데 기억하는 게 서로 다른 걸 보니, 우리도
대화를 더 나눠봐야겠다는 생각도 하게 되고. 호호.

여준: 도영이는 읽어보니 어땠어?

도영: 이게 맞는 표현일지 모르겠지만, 마치 부동산 경매가
진행되는 동안 그 집에 세 들어 살고 있는 사람의
기분이었달까요. 두 작가가 글에서 제 소속에 대한
소유권을 양도하고, 불만 사항을 전하고, 고쳐
쓰겠다고 하더니, 또 그에 대한 사과를 하더라고요?
저는 가만히 있는데 둘이 그러니까 웃겼죠.
하지만 아주 재밌었어요. 사실 전 엄마와 꽤 막역하게
지내는 아들이라고 생각하는 편이었는데도, 몰랐던
이야기가 많았어요. 과거 이야기도 그렇지만, 그
과거 이야기를 대하는 엄마의 현재 생각들은 이번에
처음 알게 된 내용이 많았어요. 아무리 자식이어도
이렇게 내 부모에 대해 모르는 이야기가 많을 수도
있겠구나 싶더라고요. 가족이란 이름으로 많은

무지가 허용된다고 생각한 적이 있거든요. 정말 그런 거죠. 한편으로 어쩌면 여준이가 아들이나 딸이 아닌 며느리라서 더 솔직하게 털어놓을 수 있었던 것 같고요. 너무 가까운 사이에서 오히려 이야기하기 어려운 것도 있으니까요. 그래서인지 여준이에겐 미안하지만, 제겐 엄마 글이 좀 더 재밌었던 거 같아요. 하하.

여준: 그게 이 책의 가장 큰 의미 같아요. 얘기 안 했으면 몰랐을 이야기를 나눠본다는 것이, 그리고 서로가 더 궁금해진다는 게.

도영: 맞아요. 가족들이 다 같이 모여있을 때도, 여러 이야기가 오고 가는 듯하지만 그 안에서 진짜 내가 어떤 생각을 하며 어떻게 살아가고 있는지에 대해서는 나누지 않으니까요. 이 책을 본 사람들이 자신의 부모나 시어머니, 시아버지, 장인, 장모님이 궁금해진다면, 그것만으로도 큰 의미가 있는 것 아닐까 싶더라고요.

현미: 그런 거 같아요. 저도 이 교환일기 아니었으면 제

생각을 돌아볼 기회도 없었을 테니까요. 저도 우리 엄마랑 이런 얘기 해본 적이 없다는 걸 나중에야 알았어요. 어릴 적에 엄마는 그냥 '엄마'니까 궁금한 게 없었고, 어른이 된 후엔 엄마한테 이것도 해주고, 저것도 해줘야지 싶은 마음만 컸지, 깊이 있게 엄마의 생각과 가치관을 들어본 적이 없더라고요. 그러다 엄마가 나이 드시고 제가 온전히 엄마를 보살펴야 하는 때가 되니까, 그때 처음으로 엄마와 실질적인 대화를 나눈 거 같아요. 그래서 그때 엄마가 유치원에 다녔다는 것도 처음 알았어요. 유복한 집안도 아니었는데 그 시절에 유치원을 다녔다니, 엄마 집안도 학구열이 강했던 거죠. 그렇게 부모 자식 사이에도 모르는 게 많더라고요. 사돈은 여준이가 이렇게 K-장녀인 거 아셨어요?

미경: 사실 잘 몰랐어요. 이 글 보고 여준이가 이런 생각하며 살았구나 알았죠. 책에서 우리 가족이 공감 능력이 덜하다고 하는데, 어느정도 맞는 말이긴 하지만 실제로 우리 가족들이 티를 잘 안 내요. 남편도 아파도 아프다고 말을 안 하고, 여준이도 힘들어도 힘들다는 소리를 안 하니까 내가 알 수가 있나. 하하. 근데 여준이가 어릴 때부터 어른스럽긴 했어요.

여준: 내가 그 어른스럽다는 말이 싫었다니까!

미경: 그런데 그때 네가 정말 그렇긴 했어. 하하.
초등학교 2학년 때인가 담임 선생님이 했던 말이
아직도 생각나거든요. 그때 선생님이 여준이는
어른스러워서 걱정 안 하셔도 된다고 했어요.
선생님이 그렇게 말하시니까 나도 그런가 보다
했죠. 그런데 전 오히려 여준이를 자유롭게 키우려고
했어요. 뭐 하라고 강요하지도 않고 하고 싶은 것 다
하게 하면서요. 그런데 여준이는 그 안에서 자기만의
규칙을 만들고 책임감을 느끼며 자랐던 것 같아요.
여섯 살 차이 나는 동생이 있어서 더 그랬을 수도
있고요.

도영: 오히려 어머님이 자유롭게 풀어놓고 키우셔서
여준이가 장녀로서의 책임감을 더 크게 느꼈을 수도
있겠어요. 그와 반대로 우리 집은 누나 Y가 장녀인데
K-장녀 성향이 거의 없거든요. 엄마가 K-장녀로서의
책임감과 부담을 느끼며 자랐으니, 자신의 딸에겐 그
마음을 주지 않으려 해서 누나는 자유롭게 자랐죠.
일종의 아이러니가 있는 것 같아요.

여준: 그럼 엄마는 내가 엄마랑 교환일기 안 쓰고,
어머님이랑 쓰는 게 서운하진 않았어요?

미경: 내 성격이 그래서인지 정말 서운한 건 없었어.
이렇게 잘 통하는 시어머니 만나서 교환일기까지
주고받는다는 건 정말 특별한 경우니까.
전 여준이도 그렇고 아들 S도 그렇고 시댁이나
처가와 가깝게 지내면 좋겠더라고요. 우리 집이
워낙 좀 쿨한 편이라 더 그런가. 애들 다 결혼하면
전 저대로 자유롭게 살고, 자식들은 또 결혼했으니
알아서 재밌게 살면 된다 싶달까요. 그래도 앞에서
얘기한 것처럼 이 관계가 부럽긴 했죠. 제 시댁도
저의 친정과는 전혀 다른 삶의 방식으로 살아가는
곳이었으니까요.

여준: 엄마의 시어머니는 어땠어요? 내가 본 할머니와는 또
다른 모습을 만났을 거 같은데.

미경: 시어머니 성함은 이인배. 그 시절에 고등학교까지
나오신 인텔리셨어. 시댁은 보수적인 편이었고.
어머님은 자식들에게 희생적이고 자상한
성품이었지. 특히 내겐 아주 따듯하게 대해주셨고.

제가 결혼을 좀 늦게 했거든요. 그래서 나이가 좀 있는 며느리라 그런지, 아님 7남매 중 여섯 번째 며느리이지만 시기적으론 가장 마지막에 들어온 막내며느리여서 그랬는지 여러모로 편하게 대해 주셨던 거 같아요. 이 책을 읽으며 남편에게도 물어봤는데, 전 젊었을 때부터 어머님, 아버님을 하나도 안 어려워했다고 하더라고요. 실제로 그랬던 것 같아요. 그땐 가족 행사가 많았잖아요. 증조, 고조 조상님들 제사 다 따로 지내고, 명절이다 생신이다 하다 보면 한 달에 한두 번은 찾아뵈어야 하고요. 시댁이 논산 시골이었는데, 마침 제가 시골 생활 로망이 있어서 그런지 여행 가는 기분으로 가곤 했어요.

여준: 어머, 엄마 시골 생활이 로망이에요?

미경: 그걸 몰랐어? 우리도 대화를 하긴 해야겠다. 하여튼, 연휴가 3박 4일이면 전 꼭 연휴 시작하는 날에 출발해서 갔어요. 가서 일하고 하는 게 많이 힘들긴 하지만 즐거운 마음으로 갔었어요. 그런데 생각해 보니, 우리 시어머니와 형님들의 배려가 컸던 거 같아요. 그땐 가족이 워낙 많고 다 직접 손으로 하다

보니 추석 때면 송편을 새벽 2시, 3시까지 빚고
그랬거든요. 그런데 제가 체력이 약하니까, 그게 티가
나잖아요. 어머님이 저보고 일찍 들어가서 자라고
해줬어요. 그럼 좀 버티다가 힘들면 들어가서 먼저
자고 그랬죠. 제가 그러면 형님들 눈에 미워 보였을
수도 있는데 형님들도 신경써 주시고 예뻐해 주셔서
감사할 뿐이죠.

여준: 그거 할머니가 그냥 하는 말이었던 거 아니에요?
정말 형님들 일하는데 먼저 들어가서 잔 거예요?

미경: 아, 내가 눈치 없이 곧이 곧대로 들었나? 근데 하다가
정말 안되겠으면 조금 일찍 들어가서 자야지 뭐,
어떡하겠어. 하하.

현미: 도영이는 여준이가 엄마랑 닮아서 좋았던 것도 있어?
이렇게 비슷한 점이 많다면서 교환일기도 쓰게 될
줄은 몰랐을 거 아니야.

도영: 둘이 3년 동안 일기를 교환하고 책을 내게 될 줄은
꿈에도 몰랐죠. 의도적으로 엄마 닮은 사람을

찾은 건 아니지만 난 엄마가 지혜로운 사람이라고
생각하거든요. 아주 지식이 풍부한 지혜로움은
아니지만….

현미: 욕이야?

도영: 아니~ 한국말은 끝까지 들어야 해요. 엄마는
내가 고민할 때 어떤 지식이나 정보를 딱 제시해
준다기보단 내가 어떻게 스스로 길을 찾아갈 수
있을지 같이 고민해 주고, 힘이 되어줄 수 있는 그런
지혜로움을 가졌다고 생각하는데, 여준이에게 그런
엄마의 모습을 본 거 같아요.

현미: 칭찬으로 끝나 다행이네. 하하

여준: 그럼 이 책에서 가장 인상 깊은 부분은 어느
부분이에요?

도영: 나는 후반부에 죽음에 대해 이야기하는
부분이 가장 좋았어요. 이 책이 3년에 걸쳐
쓰였다 보니까 후반부로 갈수록 둘의 대화가

자연스러워지더라고요. 사실 초반에도 여준이가
죽음에 대해 물어보는데, 그땐 실제로 할머니도
편찮으시고 하니까 엄마가 그 이야기를 길게
하고 싶어 하지 않는 것 같더라고요. 무의식 중에
죽음이라는 주제를 택하지 않았던 것 같달까. 그러다
할머니가 돌아가시고 엄마가 마치 토해내듯 죽음에
대해 글을 쓰고 생각하기 시작하는데, 그 지점이
좋았던 거 같아요. 죽음이라는 주제가 책에서
말하듯이 이야기 자체를 꺼리게 되다 보니 아무도
묻지 않았다면 그냥 생각하지 않고 넘어갈 수도
있는데, 이 교환일기를 계기로 엄마도 생각을 풀어낼
수 있었던 것 같고요.

현미: 맞아, 그 글을 쓸 땐 정말 이 글이 책으로 엮여
나온다고 생각하지 않고 썼던 거 같아.

미경: 저도 여준이 곁에 죽음이 많았던 그 시절의 글을
읽으니, 그때 걱정했던 게 생각나더라고요. 그 시기
유난히 애들 주변에 죽음이 많았어서 학부모들도
걱정을 많이 했었거든요.

여준: 그때 걱정을 했었어요? 전혀 몰랐는데!

현미: 정말 여준이는 나랑만 얘기할 것이 아니라 엄마랑도 대화를 좀 해야겠다, 서로 너무 모르네. 하하.

여준: 그러게요. 그래야겠어요. 그럼 다시 질문으로 돌아와서, 어머님은 쭉 읽어보니 어느 부분이 가장 인상 깊었어요?

현미: 난 다시 읽어봐도 여준이가 처음 북페어 나갔던 때가 여전히 눈에 아른거리고 울컥하는 거 같더라고. 그 이유는 뭘까. 그 큰 공간 속에 작은 부스 하나를 채우고 있던 그 모습이 괜히 뭉클하기도 하고, 또 그 경험은 정말 여준이의 세계를 내가 체험해 보는 거니까. 그게 새로웠던 것 같아요. 여준이가 알려주는 내가 모르던 또 다른 세계. 그래서 그런지 책을 다시 읽어봐도 그때의 그 장면이 오래 떠오르더라고요. 여준이는 그럼 어느 부분이 좋았어?

여준: 전 임신이 생각만큼 잘 안된다고 말했을 때가 좋았어요. 그 말이 가장 입을 떼기 어려운 말이었던

것 같은데, 교환일기를 써서 그래도 이야기할 수 있었다, 싶더라고요. 그리고 그에 대한 어머님의 답도 진심으로 좋았어요. 그저 '어쩌니, 어떡하니' 하는 우려가 아닌, 아주 작은 차이로 생과 사가 결정되는 이 현실에서 한 생명의 탄생은 얼마나 우연하고도 어려운 일인지에 대해 말하는 어머님의 글을 보며, '아, 이래서 내가 어머님과 대화를 하고 싶었지' 싶더라고요. 엄마는 혹시 이렇게 교환일기를 쓴다면 써보고 싶은 상대가 있어요?

미경: 오늘 보니까 여준이랑 교환일기를 써봐야 할 것 같은데? 사실 제 성격상 현재의 삶에 중심을 두고 과거나 미래에 큰 관심을 두지 않다 보니 제 삶을 돌아볼 일이 많이 없었던 것도 같아요. 그런데 이 책을 읽다 보니 저의 지나온 날들도 돌아보게 되고, 그 이야기를 여준이나 아들 S에게 들려줘도 괜찮을 거 같다는 생각도 들고요. 앞만 보고 살다 보니 내 이야기를 자녀들에게 해줄 기회가 거의 없었고, 그 많은 이야깃거리를 혼자만 간직하는 것이 아쉬울 것 같기도 하고요. 그러나… 과연… 실행에 옮길 수 있을지 모르겠네요. 아마 안 할 거 같기도… 호호.

여준: 도영이는 교환일기 쓰고 싶은 사람 있어?

도영: 저는 지금 떠오르는 건, 여준이의 할아버지. 97세까지 살아오시며 어떤 생각을 하시는지 물어보고 들어보고 싶어요. 묻지 않으면 사라지는 이야기라고 생각해서, 더 늦기 전에 할아버지의 이야기도 들어보고 싶어요. 이 책이 시어머니와 며느리이자, 권현미와 윤여준으로 만나 쓴 이야기인 것처럼, 나도 할아버지와 가족으로 만났지만 결국은 30대와 90대의 대화로 이야기를 이어갈 수 있지 않을까 싶어서 한번 기회가 된다면 해보고 싶어요. 여준이는 또 교환일기를 쓰고 싶은 사람이 있어?

여준: 나도 이 이야기를 하다 보니 엄마랑 대화를 좀 해야겠다, 싶긴 한 거 같아. 어머님은 3년간 이야기를 주고받으며 꽤 내밀하게 서로를 알게 된 것 같은데, 엄마에 대해선 오히려 모르는 게 많다는 걸 알게 된 시간이었어요. 어느 순간부터 엄마나 아빠, 가족들이 개인적인 이야기를 물어보면 방어적인 마음이 앞섰던 것도 없지 않아 있는 거 같거든요. 왜 물어보지? 뭐가 문제지? 하면서요. 이상하게 엄마와 아빠가 물어볼 때 더 그랬던 것도 같고요. 엄마, 아빠

앞에서의 저는 사춘기 시기에 멈춰있는 것 같기도 하고. 그래서 기회가 되면 한번 이야기를 나누면 좋을 거 같아요. 그리고 어머님과도 또 이야기를 나누고 싶어요. 바로 다시 이어질지, 조금 시간을 두고 다시 교환일기가 이어질지 모르겠지만 이번 교환일기가 분명 끝은 아닐 거라는 게 직감으로 느껴져서, 그다음이 기다려져요. 또 함께하기를!

현미: 그 직감 나도 느껴진다! 갈 데까지 가보자고!

가족으로 만나 친구가 되었습니다

1판 1쇄 찍음 2025년 6월 5일
1판 1쇄 펴냄 2025년 6월 30일
지은이 권현미, 윤여준
그림 윤여준
책임 편집 정유민 (일일편집실)
디자인 이응셋
제작 357제작소

가격 19,500원
펴낸이 윤여준 펴낸곳 쥬쥬베북스 등록 2022-000223호(2022년 2월 17일)
주소 서울 마포구 신촌로2길 19 320호
전자우편 studiojujube.seoul@gmail.com

인쇄, 제작, 유통 과정에서의 파본 도서는 구입처에서 바꿔드립니다.

ISBN 979-11-93344-13-2(03810)

jujube books

Copyright ⓒ 2025 권현미, 윤여준
이 책은 저작권법에 의해 보호받는 저작물이므로 무단 전재와 복제를 금합니다.
이 책 내용의 전부 또는 일부를 이용하려면 저작권자와 쥬쥬베북스의 동의를 얻어야합니다.

쥬쥬베북스는 스튜디오 쥬쥬베의 출판 브랜드입니다.
헛꽃이 없는 대추처럼, 세상에 꼭 필요한 이야기를 담아 옹골찬 책을 만듭니다